好玩又好用的创意班会

初/中/卷

张玉石 —————— 主编

中国人民大学出版社
· 北京 ·

本书编委会

主　编　张玉石

副主编　戴鑫贻　陈　敏

编　委

曹　璐	陈高虹	陈晓煌	何小晓	何雁彩
贺佳琪	黄嘉霓	李慧玲	李桃桃	梁颖雪
林元景	刘凌宇	龙小菊	卢　灿	罗　林
罗小艳	麦煜晗	莫延涛	宁　欣	孙　勃
王松梅	王学娟	吴曼玉	吴志琳	谢　静
修向丽	徐　琴	颜天丽	杨道平	张玉飞

（排名不分先后）

目 录

前言

刚做班主任时，最让人头疼的就是上班会课：既不知道该确定什么主题，也找不到合适的素材。

多年过去，经过不断总结成功经验和失败教训，我认识到，要上好班会课，是一个系统工程：必须根据学情和班情确定合适的主题，必须找到贴近学生心理特征的素材，必须设计合理的环节和流程步骤，必须力避说教并致力于潜移默化，等等。

参加广东省中小学班主任专业能力大赛，让我见识了很多精彩的班会课，同时也让我对目前班会课的不足感同身受。这些不足是系统性的，主要表现为：课程计划随意，课程目标模糊，课程设计固化，课程内容堆砌，课程评价缺乏。

主持广东省名班主任工作室后，针对当前班会课的困境，我和团队联合攻关，历经数年，经过反复讨论、打磨，我们对小学和初中阶段的班会课进行了系统设计，将班会主题系列化，构建了较完善的课程体系。

丛书《好玩又好用的创意班会（小学卷）》和《好玩又好用的创意班会（初中卷）》就是这一努力的阶段性成果。

这套丛书具有以下特点。

一是实效第一。首先，同一节班会课至少由三位老师在不同层次的班级实践过。他们有的是省级名班主任，有的是资深班主任和心理学专业教师，有的是新班主任。然后，他们互评，一起反思、完善，形成文稿。其次，这些班会课的主题，是面向全国班主任进行问卷调查后确定的，集中于五大主题：“交往”“习惯”“学法”“自我”和“价值观”。因此，这些班会课适用于全国绝大多数班级。最后，这些班会课的设计充满趣味性，从班会的标题，到班会的内容，我们都是站在学生视角，以学生喜闻乐见的形式吸引学生全身心投入，摒弃了生硬的说教，力求更好的效果。

二是以成长为导向。过去很多班会课“以问题为导向”，是发现问题、解决问题的“亡羊补牢型”班会课，但本书收入的班会课都是指向成长的，宗旨是防患于未然。根据学生身心发展规律，提前预设，从聚焦问题转为聚焦成长。例如，《前进吧，小火车！》是适应新学校主题班会，《“淡淡定”vs“慌慌张”》则是调节考试心理主题班会。同一主题，不同学段的班会则是逻辑递进、品德发展目标螺旋式上升的。以“交往”主题为例，初一时重点指导学生学会与新同学融洽相处，学会融入宿舍集体生活；初二时，学生性心理等发展迅速，同伴压力增大，亲子矛盾凸显，所以重点确定为指导异性交往、传授亲子沟通技巧、学会倾听他人等。

三是德育与心育相融合。我们把德育与心育结合起来，利用心理学的原理和技术，有预见性地开展班会课，让学生经历心路历程，让每节班会课都能走进学生心灵。例如，上面提到的《“淡淡定”vs“慌慌张”》，就是针对考前焦虑专门设计的。班会课开始，先排演心理情景剧《大卫的抉择》。学生在扮演角色时，不知不觉中运用叙事疗法的问题外化技术，将人与问题区分开来。另外，设计体验活动“量尺评估，聚焦认知”。借助焦点解决量尺问句技术，帮助学生将自己的情绪目标定位在1—10分，识别学生对情绪紧张和学习效率的认知现状。然后，引导学生用箱式呼吸法和心理着陆技术缓解考试紧张情绪，有效解决考前焦虑问题。这样的班会课没有空洞的说教和低效的抚慰，而是运用心理学的技术解决德育难题，重在实效。

四是每节班会课都精心制作了配套课件。这些配套课件，老师们拿来就能用，可以帮助班主任省时省力，轻松、高效地带班。大家可以去我的公众号“张玉石名班主任工作室”下载配套的课件。

相信这套丛书一定能给大家带来不一样的收获，也希望大家提出宝贵建议，为班会课的建设一起努力。

张玉石

七年级

交往篇

1. 兰花朵朵开

——与新同学友好交往主题班会

[班会背景]

从小学升入初中，学生普遍存在对小学生活的不舍与怀念，对中学生活的陌生与不适等情况，因而在小升初衔接阶段对学生开展心理适应性的引导尤为重要。

面对新环境，学生要重新建立人际关系。正值青春期，他们渴望独立的人际交往，同龄朋友成为初中生的重要他人，但初中生往往缺乏人际交往的方法和技巧。根据埃里克森的人格发展阶段理论，青春期的发展危机是自我同一性混乱。而在学校中，同伴之间的相处对学生发展自我同一性影响很大，因此引导学生与新同学友好交往是十分重要的德育课程内容之一。

班会是引导学生与新同学友好交往的重要阵地。利用班会帮助学生主动交友，发展学生的人际交往能力，形成良好的人际关系，有助于他们适应初中新环境。而发展起来的同学间的友谊，将作为积极的心理能量，促进学生的心理健康发展。

[班会目标]

1. 知识与认知目标：认识到主动交朋友的重要性，知道友情需要用心维系。

2. 方法与能力目标：掌握认真倾听、表达欣赏、换位思考三大交友法宝，并在练习中运用。

3. 情感与态度目标：消除同学之间的陌生感，在班级中营造良好的人际交往氛围。

[课前准备]

1. 学生写征友启事并上交。教师引导学生着重描写心理或行为特征，而非生理特征。

2. 安排八位同学编排情景剧。

[班会过程]

一、破冰游戏——兰花含苞欲放

组织全班学生玩破冰游戏——“兰花朵朵开”。全班学生手拉手围成内外两个圈，内圈和外圈的学生按照相反的方向慢走。教师大声说：“初一到，初一到，兰花兰花朵朵开。”学生齐声回应：“兰花兰花几朵开？”教师大声说：“兰花兰花三朵开。”学生则三人成团，手拉手做出花瓣状。抱团失败的学生将被淘汰。数字随机，学生根据数字成团。

师：在刚才的游戏中，你觉得怎样做才不会被淘汰？

生：主动、积极地和同学抱团。

师：没有抱团的同学心情是怎样的？

生：感觉孤独和无助。

师：在生活中，我们每个人都需要和别人抱团，也就是交友。兰花具有高洁、清雅的特点。古代文人常把友谊之真喻为“兰交”，把良友喻为“兰客”。

【设计意图】该游戏操作简单、生动有趣，可以让学生全员参与，产生互动，消除陌生感。学生在游戏中可以感受团结的力量，在教师的提问中体悟主动交友的重要性。

二、法宝助攻——兰花皎洁盛开

师：同学们在班会前的征友启事活动中，都写出了自己对朋友的向往和要求，这就迈出了交友的第一步——主动开放，即主动地伸出友谊之手，与别人交往。而友谊还需要用心经营，只有掌握与朋友相处的技巧，友谊的兰花才会皎洁盛开。

1. 认真倾听

情景剧 1

小新向小杰讲述自己的心里话。小杰东张西望，时而玩手指，时而翻书本，还几次打断小新说话。

学生讨论、分析小杰作为倾听者的不当做法。

师：要想成为一名好的倾听者，真正走入他人的内心，不仅要竖起耳朵认真听，还要善于用眼神、面部表情、身体动作、语言告诉倾诉者——你在认真倾听。

倾听练习：学生两人一组，一人倾诉，另一人倾听。倾诉的主题是“我生命中最难忘的一次经历”。要求倾听者全程专注，凝视对方，适时回应。倾诉者高兴，倾听者则报以会心的微笑；倾诉者难过，倾听者则表示理解并轻拍对方的肩膀；倾诉者落泪，倾听者则递上纸巾并给对方一个温暖的拥抱。

【设计意图】让学生认识到认真倾听的重要性，并掌握认真倾听的正确做法。倾听练习不仅让学生切身体验了认真倾听的感受，更拉近了同学间的距离，营造出温暖、友爱的班级氛围。

2. 表达欣赏

情景剧 2

小昊在参加歌唱比赛时，因为紧张不仅唱跑调了，而且频频忘词。比赛结束后，小然对他说："天哪，你就是我们的大明星，唱得比原唱都好！"

情景剧 3

小梦十分欣赏小茵同学。有一天参加完集体活动后，小梦对小茵说："你真厉害，我很喜欢你！"小茵不明所以，心想"这个人真奇怪"。

学生分小组讨论、分析这两个情景剧中赞美者的问题所在。

师：在第二个情景剧中，如果你是小昊，听了小然的话，会有什么感受？

生：既难过又气愤！

师：为什么呢？

生：因为小然虚伪，不真诚！

师：在第三个情景剧中，小梦的赞美为什么也没收到好效果呢？

生：因为夸得不具体。

师：是的。表达欣赏时应该真诚而具体，这样才能促进友谊。真诚和具体的赞美既能给他人带去力量，也能让自己收获更多的正能量。而当他人真诚地赞美我们后，我们也要真诚地表达感谢。

表达练习：学生两人一组，表达对对方的欣赏。要求赞美者要真诚，关注倾听者的感受，用恰当的语言表达。

【设计意图】初中生处于自我意识觉醒阶段，非常在意自己在他人心中的形象，在意同伴的评价。学生通过情景剧了解到，只有真诚而具体的赞美才有利于友谊的发展。学生通过表达练习，学会了真诚而具体地赞美他人，这有利于学生形成更积极的自我认识，营造学生间彼此欣赏的班级氛围。

3. 换位思考

情景剧 4

小雪和小敏是很好的朋友，每天放学一起回家。最近竞选班干部，小敏当上了班长。这天放学后——

小雪：小敏，走吧，和我去逛逛文具店！咱们好几天没一起回家了。

小敏：你先走吧。我得监督值日的同学搞卫生，还得帮老师整理一些资料。

小雪：最近好几次找你玩，你都推三阻四，诸多借口，枉我把你当作最好的朋友。

小敏：不是啊！我是真的有事！

小雪：哼！

小敏：我又不是故意不和你一起回家。你一点儿都不理解我，还说是好朋友，真没意思！

学生分析、讨论小雪和小敏各自的问题，改进情景剧并表演。

小雪：小敏，走吧，和我去逛逛文具店！咱们好几天没一起回家了。

小敏：你先走吧。我得监督值日的同学搞卫生，还得帮老师整理一些资料。

小雪：自从你当了班长，肩负重任，肯定很累呀！我理解你。

小敏：谢谢你的理解。我不能每天陪你回家，你一定很孤单。

小雪：没事。你有那么多事情要做，我有什么可以帮你的吗？

小敏：那你帮我一起整理资料，然后我们一起早点儿回家吧！等我有空了，一定和你一起去逛文具店！

【设计意图】初中生希望建立良好的人际关系，想寻求同伴的支持和认可。但是，由于心智不成熟，他们容易以自我为中心，从而造成人际矛盾。初一学生已具备一定的思辨能力，改进和表演情景剧，可以让学生尝试感受他人的内心世界，学会换位思考，这有利于发展其同理心，使其形成更好的人际关系。

三、绘画活动——兰花沁香扑鼻

师：除了以上三个交友法宝，还有其他的交友法宝。在同学们开班会前上交的征友启事中，我发现同学们对朋友有一些类似的要求。比如，为人坦诚、信守诺言、勇于道歉、严守秘密、乐于分享、善于合作……

绘画活动：学生在卡片上画出自己心目中代表友谊的兰花，每一片花瓣代表一种品质，自己具有几种品质就画几片花瓣。反思自己缺少了哪些交友所需的优良品质，想一想自己可以做出哪些努力来改正，从而拥有更多的花瓣。

【设计意图】学生通过绘画活动，能反思自己具有及缺失哪些交友所需的优良品质。要引导学生把交际技巧运用到日常交友中，建立良好的人际关系，从而促进自身人格的完善。

[课后延伸]

在教室里设置交友区，命名为“兰花基地”。学生上完班会课后完善征友启事，并将之粘贴在“兰花基地”。鼓励学生在其他同学的征友启事上签名交友。每周更新交友技巧和名人交友事迹。

【设计意图】设置“兰花基地”可以引导学生广交好友，并将班会的内容运用于实际，这有利于学生建立和发展良好的人际关系。

[反思与总结]

1. 本节班会活动设计注重贴近初一学生的年龄特点，通过游戏、情景剧、绘画等形式，让学生参与活动，获得启发，从而帮助学生与新同学友好交往，逐步适应初中新环境。

2. 玩破冰游戏时，考虑到教室场地较小，所以让学生围成内外两个圈。在该游戏中，被淘汰的学生可能会感到失落和孤独，教师要注意适时安抚和引导，让其在下一轮游戏中主动抱团。

3. 本节班会作为一节破冰型班会，着重于消除同学之间的陌生感，在班级中营造良好的人际交往氛围，引导学生掌握认真倾听、表达欣赏、换位思考三大交友法宝。关于如何交到良友、如何处理同学间的矛盾等方面的内容，可以在后续班会课中陆续展开。

» 陕西省西安高新唐南中学　黄嘉霓

2. “宿”说“友情人”
——宿舍集体生活指导主题班会

[班会背景]

升入初中后，学生不但要面对全新的学习环境、生活环境，还需要应对人际交往、适应集体生活等诸多挑战。初一学生自我意识开始发展，自我评价能力增强。同伴是初中生的重要他人，初一学生渴望融入集体并得到同伴的理解和认可。心理学家马斯洛认为，当归属和爱的需求得到满足时，人更容易实现自我。因此，帮助初一学生提高适应宿舍集体生活的能力，引导学生在宿舍集体生活中明确自己的人际角色，能为学生满足归属和爱的需求创造必要条件。本节班会的意义在于为学生走近彼此创设机会，激励学生积极适应宿舍集体生活，建立良好的同伴关系。

[班会目标]

1. 知识与认知目标：引导学生认识培养宿舍归属感有助于建立良好的同伴关系及营造和谐的宿舍氛围，树立主动参与宿舍建设的意识。

2. 方法与能力目标：通过活动体验指导学生开展宿舍文化建设，帮助学生提升宿舍认同感和凝聚力，利用情境引导学生合理处理集体生活中的常见问题。

3. 情感与态度目标：引导学生感受、体验共商共建宿舍集体的成就感，发现宿舍集体生活的乐趣，增强对宿舍集体生活及与宿舍同伴交往的自信心和效能感。

［课前准备］

1. 总结全班住宿学生的个性特征，制作各个宿舍的“寻人攻略”并打印。

2. 以宿舍为单位分组，每组分发一张“宿舍友情树”卡，提醒学生自行准备笔。

［班会过程］

一、游戏导入——走近“友情人”

师：未来三年，我们将与同学们一起成长。在三年的时光里，我们要与同宿舍的“家人们”共同生活。相聚于此，我们都是有缘人，更是未来的“友情人”。现在我们身旁坐着的都是自己的室友，然而我们彼此才刚认识。接下来，老师想创造机会，让同学们熟悉彼此，试着找出自己的宿舍“友情人”吧！

（游戏：寻找宿舍“友情人”）

游戏规则：学生以宿舍为单位，教师为学生提供所属宿舍的“寻人攻略”，学生依据攻略中提及的室友特征，限时猜出所有室友名字。宿舍之间相互比拼，最快完成游戏任务的宿舍获胜。学生本人不能直接告知同伴自己是哪一号室友。

“寻人攻略”参考如下：

1 号室友身高接近 1.70 米，穿蓝色运动鞋，喜欢打篮球。

2 号室友戴眼镜，皮肤较白，小学时经常做学校活动主持人。

3 号室友平头，喜欢大笑，是乒乓球高手。

…………

师：美国心理学家马斯洛在其需求层次理论中指出，生理和安全需求是我们追求归属和爱的需求的基础。归属和爱的需求是指个体在群体中建立情感联系，并因此获得的认同感和安全感（出示马斯洛需求层次理论金字塔图，略）。在未来的初中集体生活中，室友是我们共同进步的同伴，更是陪伴我们成长的“家人”。宿舍集体生活带给我们的归属感和爱，将成为我们在初中阶段获得成长和自我实现的动力。我们应如何建造和守护彼此的宿舍家园呢？

【设计意图】初一学生的群体意识日益增强。教师针对这一特点，设计热身游戏，调动学生参与团体辅导活动的积极性，活跃课堂气氛。引入马斯洛需求层次理论的心理学研究成果，能帮助学生认识培养归属感有助于自我实现，进而引出班会主题，帮助学生树立主动参与宿舍建设的意识。

二、活动体验——栽种友情树

师：“随风潜入夜，润物细无声。”宿舍文化能够使宿舍成员在长期交往中形成心理认同感。未来三年，大家希望建造怎样的宿舍家园？

（活动：栽种“宿舍友情树”，见表 1）

表 1 “宿舍友情树”栽种计划

独一无二的宿舍名	
互助友爱的宿舍口号	
心中期待的宿舍面貌	
积极思考“我能为宿舍建设做什么”	

活动过程：学生以宿舍为单位，交流、思考“宿舍友情树”上的四个问题——宿舍名、宿舍口号、期待的宿舍面貌、“我能为宿舍建设做什么”。最后，每个宿舍派一位代表向全班展示所属宿舍的文化建设初步成果。

【设计意图】积极心理学研究表明，培养积极的个性特征以及营造积极的社会环境有利于激发个体潜能，培养健全人格。同伴逐渐成为初中生的重要他人，此环节可以为学生创设与宿舍同伴交流、探讨的机会，帮助学生感受来自同伴的认可和接纳，提升学生对宿舍集体的归属感。思考宿舍文化建设的四个问题，亦有利于学生感受积极的能量及激发学生个体主动建设宿舍的潜能。宿舍文化建设实质上也是创造积极环境的过程，能增强宿舍集体的凝聚力。

三、情境实践——构筑友情桥

师：相信大家都对住宿生活充满期待。假如我们的宿舍友情受到考验，你会如何守护我们彼此的宿舍家园呢？下面，我们结合情境，以宿舍为单位一起迎接考验，解决问题，构筑起牢固的宿舍友情桥吧。

实践过程：学生任意抽取一个常见问题，以宿舍为单位，限时 10 分钟讨论并写下解决方案。之后，每个宿舍派一位代表分享自己宿舍的破解妙招。在展示交流期间同宿舍成员可以互相补充。

课件显示：住宿生活中的三个常见问题（见表 2）。

表 2　住宿生活中的三个常见问题

问题类型	情境再现
生活时间安排不当	一直以来，大家都是口头约定放学后谁先洗澡，谁先吃饭。最近，随着学习时间日益紧张，宿舍同学都抢时间洗澡。这天，小 A 和小 B 同学为生活时间安排不当的问题吵了起来，宿舍关系一度降到冰点。 如果即将开启住宿生活，你会如何避免出现这个问题？假如这一问题还是无法避免地出现了，你该怎么做呢？
人际交往冲突	住宿集体生活已过了两周，学生逐渐形成小群体。最近，不同的小群体开始走向联合，原因是宿舍里的小 A 同学卫生习惯较差，经常不洗澡，引起大家的不满。于是，宿舍里的 11 个同学联合起来孤立和排挤小 A。为此，小 A 回到宿舍后常常郁郁寡欢。 请你思考小 A 的感受及其他室友对此事的看法。假如在即将开启的住宿生活中遇到类似的问题，你该怎么做呢？

续表

问题类型	情境再现
作息不规律	假期以来，宿舍里的小A同学养成了晚睡的习惯。近两周，关灯后仍无法入睡的小A喜欢开启话题和室友们一起聊天。宿舍里大多数同学都会参与晚睡时的聊天，导致整个宿舍同学的睡眠质量下降。最近，宿舍的同学在上课时昏昏欲睡，需要老师反复提醒。 如果即将开启住宿生活，你会如何避免出现这个问题？假如这一问题还是无法避免地出现了，你该怎么做呢？

【设计意图】宿舍成员借助情境能观察和体验面对同一问题时不同室友的不同想法和反应。学生可以通过情境交流、观察和学习室友的表现，并对自己的行为进行反思。教师可以利用情境引导学生合理解决集体生活中的常见问题，掌握构建宿舍共同体的方法，培养学生在宿舍生活中共商共建的集体意识。

[课后延伸]

本节班会课结束后，教师引导各宿舍学生从卫生、纪律、学习、心理和人际交往等角度继续思考并制定《友谊之家宿舍公约》。

活动过程：

1. 教师给每个宿舍分发彩色卡纸和彩笔，鼓励学生积极主动参与宿舍文化建设。

2. 学生从卫生、纪律、学习、心理和人际交往等角度提出自己对宿舍生活的想法，宿舍成员达成一致意见后拟定《友谊之家宿舍公约》。

3. 完成修订后，宿舍全体成员在《友谊之家宿舍公约》上签名，并将其在宿舍文化墙上公示一周。

4. 公示结束，《友谊之家宿舍公约》正式生效。

示例：

友谊之家宿舍公约

为维护良好的宿舍生活秩序，营造和谐的宿舍文化氛围，树立以宿舍为家，以室友为家人的共识，本宿舍成员需遵守以下公约内容：

①按学校要求认真完成清洁任务，准时清理垃圾桶，做到地面无垃圾，宿舍内无尘，无蜘蛛网；保持墙壁整洁，不准乱张贴宣传品，不准乱涂乱画。

②按学校要求做好内务整理工作，衣物不乱挂，保持被子、枕头、床单干净、整齐。起床后，蚊帐必须收起或挂靠在墙壁上。

③宿舍内所有日用品统一按照学校住宿管理条例摆放整齐。

④按学校作息要求准时关灯，关灯后不得出现聊天、随时离开床位、串宿舍等违纪行为。午休和晚休等休息时间不准做影响他人休息的活动。

⑤节约水电。注意避免带违禁品及贵重财物回宿舍。

⑥同学之间应该和睦相处，提倡文明、团结、互助的风气。

⑦以下为宿舍值日安排表，相应岗位人员需认真履行职责。

宿舍内清洁分工					
扫地	拖地	清洁洗手台	擦窗台及窗户	清洁卫生间	倒垃圾
宿舍负责公共区域清洁分工					

宿舍成员签字：________________

宿舍：________ 日期：________

课后补充活动建议："一家之长"系列活动——民主选举宿舍长及培训宿舍长；"宿舍风情展"——宿舍文化建设成果展；"住宿锦囊"——提升集体生活质量研讨会。

【设计意图】课后制定《友谊之家宿舍公约》的活动，能起到规范学生集体生活行为的作用，帮助学生感受、体验共商共建宿舍集体的成就感，增强学生对宿舍集体生活及与宿舍同伴交往的自信心和效能感。

［反思与总结］

1. 本节班会需要班主任充分调动学生参与活动的积极性，留意学生在集体活动中的情绪变化和表现，及时发现问题并做出引导。若出现部分学生因相互不熟悉造成冷场、活动推进滞后等情况，班主任可物色一位参与活动表现较为积极的宿舍成员作为临时组长，带领同宿舍学生共同参与活动。

2. 游戏导入部分起到关键的破冰作用，能直接推进后面两个环节的实施。若班级处于初建阶段，班主任对学生了解有限，难以制作“寻人攻略”，可在上课前发布班级学生信息调查问卷表，分别调查学生的身高、体重、爱好、特长、上小学以来的获奖情况等信息，基于这些信息制作“寻人攻略”。

3. 在各宿舍派一位代表向全班展示所属宿舍的文化建设初步成果时，班主任需重点留意学生的分享内容，可引导学生记下其他宿舍的奇思妙想，作为后期持续建设宿舍文化的补充和参考。

4.“情境实践——构筑友情桥”部分展示的三个常见问题，班主任可根据校情、班情做出修改，也可从学生住宿心理适应的角度增加一个问题以辅助学生思考。

5. 由于每所学校的住宿管理规定各有不同，建议班主任在课后引导学生学习所在学校的住宿管理条例，再指导学生制定宿舍公约。

》广东省佛山市南海区桂城街道平洲第二初级中学　陈敏

习惯篇

3. 神奇的整理魔法
——培养良好行为习惯主题班会

[班会背景]

随着科目增多，各种资料繁杂，很多学生经常找不到所需的课本、试卷或者相关资料。本节班会意在培养学生养成良好的整理习惯，通过设置不同的任务，让学生感受整理的快乐。

[班会目标]

1. 知识与认知目标：帮助学生了解整理收纳的优势及好处。

2. 方法与能力目标：通过自查和小组合作的方式，指导学生自主发现整理的方法及好处，并学会运用适合自己的方式来整理，感受整洁之美。

3. 情感与态度目标：帮助学生养成良好的行为习惯，培养其创新意识，引导其体验科学整理收纳后提高学习效率的愉悦感与成就感。

[课前准备]

教师准备：录制《哭泣的抽屉》故事音频，准备一个需要整理的脏乱的抽屉，录制整理过程的视频。

学生准备：自己在家里整理物品时拍摄的照片。

[班会过程]

一、寻宝游戏引话题

师：同学们，每个人的桌子上有一张寻宝单。请大家打开，对照上面的提示，在两分钟之内从抽屉中找出宝贝。找到宝贝的同学，请举手示意。

师：为什么有的同学没有找到宝贝呢?

预设答案：乱，没有分类，东西太多……

师：乱糟糟的抽屉让我们的寻宝之旅充满挑战，看来确实需要我们好好地整理一下，来寻找迷失的宝贝。

【设计意图】通过寻宝游戏，激发学生的兴趣，让学生真实体验并且发现问题，感受整理的迫切性，引出本节课的话题。

二、对照行为寻原因

1.听一听音频

师：同学们，抽屉怎么会变得乱糟糟的呢？我们一起来听听它们的心里话。(播放《哭泣的抽屉》音频)

抽屉A：我的主人上完课后，就把学习用品随便塞进来，乱七八糟的，有时候我还能享受“牛奶浴”！

抽屉B：我的主人把各种东西都往我这儿放，太重了，压得我都快喘不过气了！

抽屉C：我的主人时不时地帮我“化妆”，铅笔、中性笔、彩笔……我现在都有些面目全非了！

…………

2. 说一说困扰

师：听了以上说法，你有什么感想？乱糟糟的抽屉给你带来哪些困扰？

生 1：我觉得对不起抽屉，它们承受了太多的痛苦。

生 2：抽屉里东西太多，找东西都困难。

生 3：抽屉乱乱的，看得我心情很烦躁。

…………

师：原来乱糟糟的抽屉给我们带来这么多困扰，那我们应该怎么做呢？是的，我们需要整理。因为整理能帮助我们快速找到需要的物品，让我们的生活变得更有条理。《弟子规》中说"几案洁，笔砚正"，它告诉我们什么道理呢？（生答略）

师：原来整理书桌是我们中国的传统文化。它不仅能使我们拥有一个舒适的学习环境，而且能提高我们的学习效率，让我们拥有更强的自我管理能力和执行力，还可以使心情变得越来越好，对自己今后的生活有很大的帮助。

【设计意图】引入《弟子规》中的话语强调了整理的重要性。心理学研究表明，你置身于一个优雅的环境中，空间不再被杂物随意填充，你不再为找不到东西而急躁时，心情就会变得平和。整理是一种让心情获得宁静的方法。教师通过让学生听音频，自查问题，学生明确了整理的重要性和好处，了解整理不但是一项生活技能，更是与情绪整理相关的心理调节术。

三、体验抽屉整理师

师：我这里有一个需要整理的抽屉，大家能帮我整理吗？请小组讨论，共同寻找整理的妙招。

小组交流整理方法并现场演示。

教师根据学生分享的内容，在黑板上记录以下方法。

①将物品进行分类，并分开放置。比如，不同学科需要不同的文件袋。

②把分类好的物品按照对应的文件袋装好，放在抽屉的相应位置。

③随拿随放，坚持下去。

师：大家的主意都很好，看到整理后的抽屉你有什么感想？整理有哪些好处呢？

生1：整理后，抽屉看起来更舒服了。

生2：整理后，我发现自己的心情很舒畅。

生3：整理可以使我们的学习更高效。在生活中，我们做事情也更有条理。

…………

师：是的，整理不仅可以让我们的抽屉变得更整洁，而且可以帮我们节省很多时间，使我们心情愉悦。接下来我们来看一个整理抽屉的小视频，学做抽屉整理达人。

【设计意图】通过让学生整理抽屉，以被需要的情感激发学生的思维，引起学生的整理兴趣。学生通过小组讨论，在梳理方法的同时感受到整理带来的乐趣，激发内驱力。最后呈现效果，给学生带来成就感和愉悦感，使其感受整理的好处，学会高效利用空间。

四、抽屉变形记

师：刚才我们学习了一些整理的方法和妙招。接下来，让我们自己的抽屉也变形吧！我会一一验证大家的成果哦！

（教师巡视、指导。小组互助。多种方式评价学生的整理成果，如自评、同伴互评和教师评价等。）

师：我们的抽屉变形成功了。大家想一想，怎么才能让它们一直这么整齐？

生：我们应该养成及时整理的习惯，将东西及时放回原位，并且要坚持下去。

师：是的，我们要养成善于整理的好习惯。

【设计意图】这个环节让学生将所学方法付诸行动，在实践过程中发现问题，解决问题，同时通过各种评价提升学生的整理能力，帮助其养成整理的习惯，真正实现“乐整理—会整理—慧整理”。

五、整理高手分享赛

师：在刚才的整理过程中，老师发现有的同学整理方式不一样。比如，小红在整理书本文具时，会将书本立起来摆放，用书架去支撑，然后在旁边放置文具盒以及小摆件。而小丽在整理书本时，喜欢将书本按照面积的大小依次叠放起来，然后放置在桌子右上角，再把文具盒立在旁边。

师：小红，你为什么会选择这种摆放方式呢？

小红：因为这样能够更好地归置书本。每次拿书的时候，我只需要看书脊上面的书名就可以拿出来。

师：小丽，你为什么会叠着摆放呢？

小丽：我暂时没有书架，这样我就可以根据书的大小来区分，再贴上不同颜色的小纸条。每次拿书的时候，我看小纸条就能找到。

【设计意图】心理学认为，学习是一个习得过程。习得不仅仅是一个记诵过程，更是一种感受、体验、感悟和明理的过程。通过让学生分享、交流，寻找有效的整理方法，让学生在活动中感受整理的快乐，提高劳动意识，并认识到劳动对生活的改变。

六、总结提升

师：老师很欣慰。同学们在进行整理时，有不同的思维方式，对整理也有了自己的见解和看法。在生活中，除了抽屉，我们还可以整理哪些地方？

教师引导学生将学到的整理方法应用到日常生活中，整理更多的物品。学生交流。

师：有人说，整理是人的一种必备技能。整理不仅包括对实体空间、物品的整理，也包括对虚拟空间的整理，如脑部信息整理、知识管理等，还包括对时间的整理规划、人生规划等。要做好一件事情，就需要手脑并用，多做，多想，多改进并且坚持下去，养成良好的习惯。让我们在整理中提升自理能力，梳理人生，整理情绪，做乐观向上的好少年吧！

【设计意图】将意识落实于行动，让学生感受整理的重要性以及好处，在整理中培养自理能力，在整理中梳理自己。

师：学会整理，不仅能使我们拥有舒适的环境，还能使我们的心情更加舒畅，从而提升我们的幸福感。今天，我们有了一个很好的开始，老师希望你们能够坚持下去。好习惯的养成不是一天两天的事情，必须靠我们长久坚持。

[课后延伸]

为了帮助学生养成良好的习惯，老师请学生参加一项活动——21 天打卡挑战活动。请学生在班级群里上传每天整理的成果，可以发视频，也可以发图片。相信在 21 天后，学生就能不知不觉地养成了整理的习惯。

推荐阅读：《怦然心动的人生整理魔法》《家的整理：拯救人生的整理法则》。

[反思与总结]

本次班会以寻宝游戏导入，让学生根据寻宝单寻找宝贝。学生对此类游戏很感兴趣，同时在寻找的过程中能自主发现问题，感受到整理的迫切性，从而引出本课话题。

通过播放音频，教师让学生明白症结所在，让他们在梳理方法的同时感受到整理带来的快乐，最后的效果呈现也能给学生带来满满的成就感和愉悦感，从而激发其内驱力，使其认识到，整理不仅是一个好习惯，还是一种能愉悦自己的行为。然后让学生分享整理的妙招，为接下来的整理高手分享赛打下基础。通过学生分享和教师点拨，生成更多的整理方法，提升学生的整理能力。同时借助生成性问题，找准契机，让学生意识到不仅要会整理，更要常保持，养成良好的行为习惯。正确的道德意识是一种内心尺度，一旦形成，便具有相对稳定性。基于此，班会设置了课后延伸的小任务，鼓励学生将习得的整理习惯由校内向校外延伸，扩大参与范围，促进学生整理习惯的长期养成。

本次班会让学生自主发现整理的重要性，同时探索整理的方法，感悟整理的奥妙，在整理中学会用心去悦纳自己，用心去生活。

》山东省烟台市第十四中学　修向丽

4. 穿越时空的旅行
——培养阅读兴趣主题班会

[班会背景]

进入初中，随着学习科目增多，学业负担加重，学生课外阅读的时间被大量挤占。即便偶有闲暇，很多学生也会选择与电子产品为伴，玩游戏、刷短视频、聊天。学生课外阅读情况令人担忧。

在这个资讯过剩的时代，电子阅读、快餐式阅读、碎片化阅读大行其道。学生只要有手机能上网，就可以轻轻松松地获取无穷无尽的新鲜资讯。传统的纸质图书逐渐被冷落，现在已很难看见手不释卷的情景，取而代之的是“机不离手”。

电子产品的过度使用，对初中生的成长极为不利，不仅损伤视力，而且影响深度思维的形成。初中阶段，学生有较强的可塑性，教师要抓住这个关键期，对其进行引导，充分激发学生的阅读兴趣，帮助他们抵御电子产品的诱惑。学生大量阅读经典名著，能从中汲取精神养料，为将来的发展奠定基础。

[班会目标]

1. 知识与认知目标：认识阅读对人生的重要意义。

2. 方法与能力目标：通过讲述名人和师生的成长故事，引导学生感悟阅读的重要性，从而激发学生的阅读热情，让学生根据自己期待的模样给自己开出成长书单。

3. 情感与态度目标：感受、体验阅读的强大力量，从而热爱阅读。

[课前准备]

1. 收集关于读书的名言警句和名人的读书故事。

2. 设计“设置人生”表格，发给每位学生。

[班会过程]

一、亲近阅读——我们都是追梦人

师：旅行是人们感受、探索大千世界的一种方式。可是，我们不可能长年累月地跋山涉水，勇闯天涯，也不可能出生入死去经历人生百态。有没有一种办法，让我们足不出户却能走遍万水千山，不用经历生离死别却能穿越时空旅行？是的，那就是读书。世界各国的人都很重视读书。从古至今，流传着很多关于读书的名言警句。大家说说，你知道哪些？

生 1：读万卷书，行万里路。

生 2：书卷多情似故人，晨昏忧乐每相亲。

生 3：书籍是人类进步的阶梯。

…………

师：除此之外，还有很多学者、教育家认识到了读书的重要性。

课件显示：让学生变聪明的办法，不是补课，不是增加作业量，而是阅读，阅读，再阅读。（苏霍姆林斯基）

师：阅读，帮我们推开了一扇门，让我们看见一个五彩斑斓的世界，带领我们走向梦想的远方。今天，就让我们追随梦想，用阅读开启一段奇妙的旅行吧！

【设计意图】以旅行开启话题，能激发学生参与讨论的兴趣。先由学生说出关于读书的耳熟能详的名言警句，充分调动学生的阅读积累。然后老师再补充学者、教育家关于读书的观点，可以加深学生对阅读重要性的理解，激发学生的阅读兴趣。

二、时空之旅——为生命化妆

师：大家读过中国古典四大名著吗？那些历经岁月淘洗的经典名著，仿佛时空穿梭机，带我们跟随孙悟空斩妖除魔，跟随鲁智深扶危济困，跟随诸葛亮尽忠报恩，跟随林黛玉吟诗作画……那一次次穿越时空的旅行，就是不断自我雕塑的过程，就是为生命化妆。古往今来，因为阅读而改变命运，为生命化妆的故事很多。接下来，我们根据几组关键词，来猜猜故事的主人公。

1. 猜人物，听故事

教师讲述名人的读书故事。（课件出示关键词，略）

师：根据课件上提供的信息，你知道这是谁吗？

（生答略）

师：名人是如何为生命化妆的？我们一起来听听他的读书故事。（略）

教师讲述自己的读书故事。

课件出示关键词：

儿时：山城重庆、乡村小学、家庭贫困、无书可读

现在：优秀教师、书香教师、语文老师、名班主任、爱好阅读、偶有文章发表

师：根据提供的信息，你知道这是谁吗？

有学生恍然大悟，大叫“是老师”。

师：可以说，是读书改变了我的命运。在我的学生时代，有一本书对我产生了重要影响。接下来，我给大家讲讲我和这本书之间的故事（略）。听完这个故事，谁来总结一下我完成蜕变的主要原因是什么？（生答略）

师：从丑小鸭到白天鹅，我们把这个过程叫作为生命化妆。

2. 讲故事，谈影响

师：你有过这种如痴如醉的读书经历吗？有没有一本书曾经深深地打动过你？有没有一本书对你的成长产生了持久的影响？请把你的读书故事讲给组内伙伴听听。

学生交流。教师巡视，个别指导，推荐代表发言。

【设计意图】教师通过讲述名人和自己的读书故事，不仅给学生做出了示范，而且强有力地证明了读书对一个人的深刻影响。让学生讲述自己的读书故事，既能极大地激发学生的自我效能感，又能使其从身边的榜样身上汲取精神力量。

三、设置人生——遇见更好的自己

师：我们在阅读中走过了万水千山后，才能在以后遇见更好的自己。曾经读过的那一本本书，都将化为我们心中独一无二的风景。今天，我们将用阅读设置未来的人生道路，以阅读翻开人生新篇章。请大家用几个关键词描述现在的你和20年后的你。（见表1）

表1　设置人生

现在的你	20年后的你
身份：	身份：
面临的困难：	取得的成就：
人生偶像：	新的人生目标：

师：大家有没有发现，在现实与理想之间，还有万水千山需要跨越？而阅读的书就是那道架设在现实与理想之间的桥梁。如果要挑选10本最重要的书为人生打底，你会挑哪10本？理由是什么？（见表2）

表 2　设置人生：遇见更好的自己

现在的你	为生命化妆 （为人生打底的 10 本书）	20 年后的你
身份：		身份：
面临的困难：		取得的成就：
人生偶像：		新的人生目标：

学生填好表格后，选两三人交流。

师：关于阅读书目，我们来听听一些建议。

课件显示：阅读要打开三重门：时空之门、情感之门、想象之门。

学生修改书目，再次分享。

师：图书浩如烟海，我们首先要阅读经典。当我们扎扎实实地读完这 10 本为人生打底的书后，我们的生命底色就会更加明艳。最后，祝愿同学们在一次次阅读中，完成生命的蜕变，遇见更好的自己。

［课后延伸］

1. 将学生在课堂上填写的书单收集起来，统一贴在教室文化墙上。

2. 建立班级“时空之旅”图书角，添置学生想读的书，方便大家借阅。

3. 选择学生最喜爱的一本书组织全班共读，然后举行一次“时空之旅”读书分享会，不断激发学生的阅读兴趣。

【设计意图】通过阅读思考，规划人生，填写表格，让学生对理想人生充满期待，进而完成学生的自我塑造。让学生晒书单有两个目的：一是学生的眼界有限，可以通过晒书单了解更多优秀的书；二是在这一过程中相互展示理想的人生，通过同伴影响同伴。

［反思与总结］

1. 学生并不是不爱阅读，只是因阅读兴趣不同，大多是浅层阅读，以愉悦情绪、满足猎奇心理等为目的，所以本节班会课注重引导学生将阅读兴趣转移到深层的思维培养上，层层递进来体会阅读名著的魅力。本节班会课前需要充分调动学生在名人阅读、名著阅读上的兴趣，这样才能呈现良好的效果。

2. 在“猜人物，听故事”活动中，和学生分享老师本人的阅读成长经历，目的是让学生以最熟悉的老师为榜样。建议老师根据自己或学生身边熟悉的榜样人物进行调整和修改。

3. 在填写书单环节，因为部分学生对图书了解不够，老师可提供书单及图书内容简介供学生借鉴、选择。

» 重庆市永川中学校　杨道平

5. 收下这份学霸秘籍
——制定学习目标与计划主题班会

[班会背景]

树立明确的目标是学生成长过程中具有持久动力的关键因素，而制订具体可行的计划是实现目标的重要路径和保障。学生进入中学阶段，意味着来到了新的起点，确定新的学习目标，制订相应的学习计划是提升学习力的必要条件。阿特金森的成就动机理论认为，明确、合理的学习目标有利于学生成为更优秀的自己。因此，引导初一学生认识目标的重要性，学习确定目标、制订计划的基本方法，能帮助学生在中学阶段的学习生活中创造良好的开端。

[班会目标]

1. 知识与认知目标：通过活动引导学生认识确定学习目标的重要性，形成树立学习目标的意识；通过名人成长经历引导学生感悟计划的重要性，初步形成计划意识。

2. 方法与能力目标：通过榜样示范指导学生尝试确定学习目标，再结合案例初步了解制订学习计划的基本原则与方法。

3. 情感与态度目标：引导学生感受、体验目标对成长的重要意义，感受自我实现的重要意义。

［课前准备］

1. 打印“梦想思考题”，让学生提前写下自己的答案。

2. 打印学霸作息表，在课堂上以小组为单位共同讨论。

3. 提醒每位同学准备纸笔。

4. 准备关于韦慧晓成长经历的视频。

［班会过程］

一、游戏导入——感受学霸速度

师：同学们，有人说做学霸最重要的是做到“四快”——进入状态快，思考速度快，课堂反应快，书写速度快。下面我们就一起通过游戏体会一下学霸的“四快”。

游戏过程：

第一步，请每个学生在纸上写下这段话：“我希望成为一个更出色的……（运动员、画家、作家等），需要老师帮助我提高……（篮球技术、绘画技术、写作技巧等）。”请几个学生估算一下自己用时多少。

第二步，请每个学生预估一下，若限时一分钟重复写刚才第一句话——“我希望成为一个更出色的……”，大概能写多少句，将预估结果写在纸上。

第三步，全班一起实践一分钟能写多少遍第一句话（要求笔迹相对工整，能看清内容）。大部分同学发现基本能超出自己的预估。

师：从游戏中你能得到什么启发？（生答略）

师：阿特金森的成就动机理论认为，高成就动机者能够坚持完成自己的学习任务，最终实现对自我的超越。迈入初中阶段，其实我们已经开启了新的求学旅程，要在新的阶段超越自己，重要的一点就是要有明确的目标，以目标为导向制订切实可行的学习计划，并落实于行动中。

【设计意图】初一学生感性思维较强，让学生在活动中体验知识比教师说教效果更好，可以通过该游戏帮助学生认识到确定学习目标的重要性。同时，结合积极心理学，引导学生写下积极的人生目标，进而启发学生深入思考。

二、成长启发——寻找学霸秘籍

师：有的同学曾问老师："梦想与目标到底有什么区别？"的确，很多人都会将梦想和目标混为一谈，那么，老师现在想请几位同学来分享一下"梦想思考题"的答案。

活动过程：邀请几位学生上台分享感悟。

课件显示（见图1）：

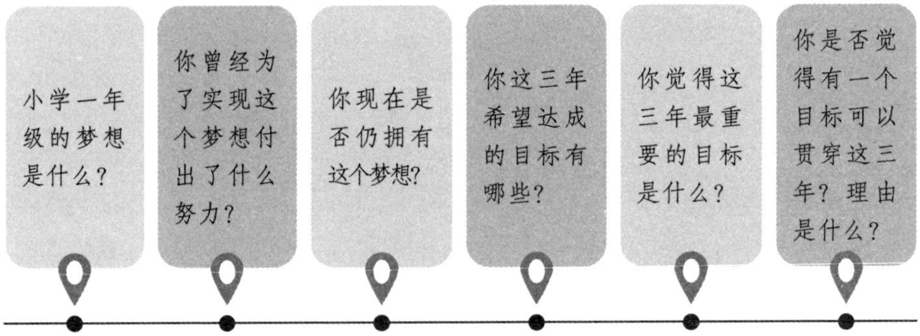

图1　梦想思考题

师：关于梦想与目标，老师特别想与大家分享舰长韦慧晓的"开挂人生"。（播放关于韦慧晓成长经历的视频）

师：各位同学，结合大家之前分享的"梦想思考题"的答案与舰长的成长经历，大家对梦想与目标有何新认识呢？（邀请几位学生分享感悟）

师：（小结）我们可以发现：梦想会不断变化，但梦想会指引我们积极成长，成为更好的自己。梦想最终能否实现，关键在于我们当下能否找准核心目标，确立具体的目标和付出踏实的行动。

【设计意图】本环节将回顾小学阶段的梦想与思考现在的目标相结合，唤醒学生的内在动机，引导学生形成确立学习目标的意识，同时通过观看名人成长经历的视频感悟计划的重要性，初步形成计划意识。

三、榜样示范——拿下学霸秘籍

师：相信大部分同学现阶段的核心目标就是本学期期末考试考出理想的成绩，但有不少同学却经常在具体行动上迷失方向。而真正的学霸是如何做到忙碌而充实的呢？下面请大家一起观察几张学霸的作息表，分小组探究这些作息表的共同特征。

（课件出示学霸的作息表，略）

学生分组讨论、总结作息表的共同特征，用时为 6 分钟。每个小组派一名代表上台总结发言。

教师归纳：制定目标的原则是，要具体、可衡量、能达到、需相关、要定时。（出示两个案例）

案例 1

小 A 下决心要在这学期提高英语成绩，但他做英语作业没一会儿就喜欢翻书查答案，若书上找不到就拿手机上网找答案。不到 5 分钟又觉得必须先背单词，一会儿背不下去又戴上耳机听英语歌，理由是要练习听力……经常一上午过去了，英语作业还是没完成。

案例 2

小 B 每逢周五放学后都跑去与同学打球，作业总是拖到周日晚上才急急忙忙赶出来，经常因周日晚上熬夜导致周一上课打瞌睡，小测成绩总是不理想，月考来了也临时抱佛脚。

师：接下来就让我们一起来运用学霸秘籍帮帮这两位小伙伴吧！

学生运用刚才习得的理论知识先讨论8分钟，再由学生代表发言。

【设计意图】皮亚杰的认知发展理论认为，学生只有掌握了特定领域的某些基本概念和技能，才能在该领域获得成功。在该环节中，学生先通过观察学霸的作息表，初步了解制订合理计划的基本原则，再由教师归纳总结，帮助学生进一步理解如何制订合理的学习计划。同时结合案例，引导学生将所思所想运用于实践中。

[课后延伸]

本节班会课结束后，教师引导每个学生，尝试确立自己的学习目标，制订学习计划。

活动过程：

1. 教师分发彩色卡纸，由学生课后绘制自己的学习目标思维导图，引导学生写出初中总目标、初一学年目标、本学期目标、期中考目标、月目标、周目标。

2. 学生结合一周学习目标，尝试制订周末学习计划并上交。

3. 教师收集后加以指导，展示优秀的学习计划。

【设计意图】社会认知理论认为，榜样可以影响先前习得行为的发生频率。因此在课后阶段性展示学生的优秀学习计划，有助于巩固学生制订并实施学习计划的良好习惯，不断调整自己，也为营造良好的班风起到积极的促进作用。

[反思与总结]

1. 在班会的导入环节，最开始写"我希望成为一个更出色的……"这段话的时候，可能有学生会用时比较长，甚至产生挫败感，出现自己无法成为学霸的错误认知。班主任在控制该环节时长时可以这样引导："老师看到部分同学速度特别快，就完成了书写，相信你已经感受到了学霸的速度。有的同学可能暂时还未完成，没有关系，你可能只是有点儿紧张或者属于深思熟虑型的学霸。若你还未写下第一句，在接下来的小测时你可以写‘我现在很喜欢做……’。”

2. 在班会的第三个环节“榜样示范——拿下学霸秘籍”中，班主任可以在小组讨论案例之前就引导各小组先发现问题所在，再根据问题找到改进的办法，这样可以提高课堂效率。

3. 确定合适的学习目标，制订切实可行的学习计划，是学生在中学阶段拥有良好开端的重要条件，也是帮助学生尽快适应初中学习节奏和生活的重要保障。但学生理性思维能力仍相对较弱，很难一次、独立完成优秀的学习计划，需要家长、教师持续跟踪、辅导，及时引导学生做出调整。

》广东省佛山市南海区桂城街道平洲第二初级中学　陈高虹

自我篇

6. “我是真的真的很不错！”
——挖掘个人潜能主题班会

[班会背景]

初中学业难度增加，不少学生会因考试成绩不理想而否定自己，自我效能感低，从而变得自卑。而加德纳多元智能理论表明，人有八种智能，每个人都有自己擅长的智能。作为老师，我们很有必要引导、帮助学生挖掘个人的潜能，从而提升学生的自我效能感，提升其学习的自信心。

[班会目标]

1. 知识与认知目标：认识自己拥有的优势潜能，树立挖掘潜能的意识。

2. 方法与能力目标：通过问卷测试、实际体验等方式，让学生找到自己的优势潜能。

3. 情感与态度目标：感受自己的优势潜能，增强学习的自信心。

[课前准备]

1. 组织学生填写多元智能测评量表，填写时长为 10 分钟。教师根据学生填写的结果，分析其优势智能，并以此作为学生分组的依据。

因每人可能不止擅长一种智能类型，考虑到一节班会的时间限制，可选取最高分项作为分组最终依据。若该生最高分有同分项，则由班主任根据实际分组情况协调，按 8 个多元智能分为 8 个组，正式上班会课时按照小组就座，不强求每组人数固定，但最好不少于 3 人。

2. 分组后，需标注学生其他的优势智能。如，小 A 同时擅长语言智能和空间智能，若将其分到语言智能组，则标注一下他也擅长空间智能，并在上课前，给他一张“空间智能王者”卡牌，以备课堂上使用。

3. 教师准备好一叠草稿纸和一张班级兑奖积分卡。

[班会过程]

一、游戏导入——“我要做金子”

游戏过程：教师首先问学生要不要教师手里的这叠草稿纸，学生一般都说要。教师把草稿纸揉成一团，再问学生要不要，这时部分学生还会选择要。接着教师把草稿纸放在地上踩两脚，问学生还要不要，这时就没有学生要了。

教师问学生要不要自己手里的班级兑奖积分卡，学生都会要。教师把班级兑奖积分卡揉成一团，学生还是会毫不犹豫地说要。教师把班级兑奖积分卡放在地上踩两脚，学生还是选择要。

师：为什么草稿纸被踩了，大家就不要了；而班级兑奖积分卡被踩了，大家还要呢？

生：（畅所欲言，最后总结）因为班级兑奖积分卡有价值，踩了也不贬值，还可以兑换奖品。

师：通过游戏大家得到了什么启示呢？

生：我们要让自己有价值，要成为金子。

师：是的，我们要成为金子。想要成为金子，我们需要不断挖掘、发挥自己的潜能。你对自己的能力有信心吗？

生：有信心。

师：同学们，我们要相信每个人都有自己的优势潜能。大家都是千里马，今天老师要来当伯乐，帮助你们发现自己的优势潜能。

【设计意图】用心理小游戏调动学生参与的积极性。用浅显易懂的道理启发学生要学会激发自己的潜能，让自己变得更有价值。

二、心理测试——寻找优势潜能

（课件出示 8 张卡牌）

A. 请你即兴演讲

B. 请你限时做一道推理题

C. 请你现场绘画

D. 请你唱一首歌

E. 请你现场跳舞或者做体育运动

F. 请你现场推销一种物品

G. 请你说说对自己的认识

H. 请你将以下动物分类

要求：请认真看 8 张卡牌上的题目，每组按照少数服从多数的原则选取一张优势卡牌（即觉得自己组最擅长做什么）。

师：老师可以猜出你们每个组会选择什么卡牌，大家相信吗？

学生大多持怀疑或者观望态度。

师：现在大家选择好了，不许改变，我来猜。第 1 组选择的是 A，第 2 组选择的是 B，第 3 组选择的是 C，第 4 组选择的是 D，第 5 组选择的是 E，第 6 组选择的是 F，第 7 组选择的是 G，第 8 组选择的是 H。

生：老师怎么这么厉害，太神奇了！

师：其实不神奇。加德纳的多元智能理论研究表明，人有语言智能、逻辑—数学智能、空间智能、音乐智能、运动智能、人际关系智能、内省智能和自然智能等 8 种智能。我们每个人都有自己擅长的智能。其实我们课前做的调查问卷，就是帮大家辨别出自己的优势智能。老师分别用数字 1 到 8

代表以上8种智能，而卡牌上的题刚好对应了每种优势智能擅长的领域。

（课件出示）

①语言智能（可成为作家、演说家等；擅长写作、即兴演讲）
②逻辑—数学智能（可成为数学家、科学家等；擅长逻辑推理题）
③空间智能（可成为画家、雕塑家、建筑家等；擅长绘画）
④音乐智能（可成为音乐家；擅长唱歌）
⑤运动智能（可成为舞蹈家、运动员等；擅长跳舞、跑步）
⑥人际关系智能（可成为推销员、教师、心理咨询师；擅长交际）
⑦内省智能（可成为生理学家；擅于认识自我、管理自我、反思自我）
⑧自然智能（可成为农夫、考古学家；擅于认识动植物，并辨别分类）

师：请小组同学记好自己的优势智能。

生：问卷调查结果就一定正确吗？

师：我们还可以通过“两两大比拼”实践来验证。

【设计意图】通过小组选择优势卡牌，老师猜测并解释，让学生初步确定自己的优势潜能。

三、实践检验——体验潜能

师：每个小组都抽取了自己的优势卡牌，现在进行小组间“两两大比拼”。

（课件展示）

第1组vs第2组：分别比拼A、B卡牌
第3组vs第4组：分别比拼C、D卡牌
第5组vs第6组：分别比拼E、F卡牌
第7组vs第8组：分别比拼G、H卡牌

比赛规则：每组各派两位成员代表小组分别比拼一个项目，小组间采用一对一的形式完成卡牌背面的任务，再通过“两两大比拼”，评出获胜组。

因班会课时间有限，我们只能体验一种优势潜能。因此，若学生课前拿到王者卡牌，表明该生也十分擅长某项智能，则小组选挑战人选时，该生需要退出。例如，第 1 组和第 2 组选人挑战 A 卡牌任务时，若第 2 组有组员拿到了“语言智能王者”卡牌，则此人不能代表小组出战。8 张卡牌背面的任务如下：

A. 以“我的梦想”为题（限时 2 分钟，票多则胜）

B. 72，36，24，18（发现规律，快则胜）

C. 给老师画肖像画（限时 2 分钟，票多则胜）

D. 唱《长大了》（1 分钟展示，票多则胜）

E. 做仰卧起坐（计时 1 分钟，量多则胜）

F. 向同学推销粉笔，售价 5 元（限时 2 分钟，票多则胜）

G. 自我反思，由同学评判是否全面（限时 2 分钟，票多则胜）

H. 属于昆虫的有：蚂蚁、蝗虫、蜜蜂、蜘蛛、蜈蚣（快则胜）

语言类题目需要提前发给选手，让他们有准备时间；拼速度类题目则要同时出题。

学生惊奇地发现，抽取自己优势卡牌的小组会获胜，每个小组都有各自获胜的卡牌，都有各自的优势潜能。

师：我们每个人都是千里马，老师今天充当了伯乐，和大家一起探索，帮助大家发现了自己的优势潜能。我们现在拿回自己的多元智能测评量表（再次发量表），大家可以明确一下自己有哪些优势潜能。老师希望同学们在今后的学习生活中可以多多运用自己的优势潜能，但同时也不要否定自己的其他潜能。最后，我们一起来对自己骄傲地说一句：“我是真的真的很不错！”

【设计意图】通过才艺比拼，帮助学生验证自己的优势潜能，让他们感受并发现自己的优势潜能，提升学习的自信心。

[课后延伸]

按照 8 种智能呈现的不同优势，在班级举办各类活动或比赛，让学生通过具体实践获得自我效能感，增强自信心。

（课件展示班级系列活动预告）

①语言智能——班级演讲比赛、讲故事比赛

②逻辑—数学智能——班级数学竞赛

③空间智能——班级板报设计比赛、邮票设计比赛

④音乐智能——班级歌唱比赛

⑤运动智能——班级趣味体育比赛、班级舞蹈比赛

⑥人际关系智能——班级课前小老师活动

⑦内省智能——班级心理话剧展演活动

⑧自然智能——班级标本制作大赛

各项比赛、活动可以联合相关科任老师、班干部共同组织。

【设计意图】学生能力的养成，不能仅靠一堂班会课，我们要通过后续活动，让学生强化自己的优势潜能，体验成功的乐趣，增强自信心。

[反思与总结]

1. 整节课需要学生全程全神贯注地参与其中，所以学生需要信服并且乐于接受这节课的内容。第一个导入环节就特别重要，要引发学生思考，想做金子就要去发掘自己的潜能。

2. 在第二个环节，教师要猜准每组选取的卡牌是让学生相信自己有潜能的关键，因此在课前组织学生认真填写多元智能测评量表并根据结果对全班学生进行分组十分重要。

3. 第三个环节是整节班会课的重点，需要班主任有较强的控场能力、组织协调能力，说清楚比拼规则，促使比赛有序进行。同时，对卡牌上的比赛内容，班主任可以根据班级情况进行调整，只要符合各种智能类型就行。

4. 课后延伸活动是整节班会课的后续，也是不可或缺的重要环节，是引导学生体验、实践自己优势潜能的途径，能增强学生的自信心。

》广东省佛山市南海区石门实验学校　龙小菊

7. 跟“低头族”说再见
——合理使用手机主题班会

[班会背景]

手机已成为初中生必不可少的生活工具，而过度使用手机容易影响学生视力，甚至会造成认知发展及大脑发育的障碍，因此帮助学生掌握合理使用手机的方法尤为必要。过去，不少家长和教师采用一味限制的手段，引发青少年的逆反和对抗心理，而没收与禁用的方式也与数字化时代培育学生媒介素养的目标背道而驰。

由于手机管理是一项持之以恒的教育活动，本节班会课以调节认知为目的，重在帮助青少年树立科学合理使用手机的观念。

[班会目标]

1. 知识与认知目标：了解自己使用手机的基本情况，认识手机依赖行为背后的需求，树立科学合理使用手机的意识。

2. 方法与能力目标：通过体验活动指导学生剖析使用手机的内在心理动机，帮助学生进一步认识手机使用行为。利用漫画引导学生区分使用手机的必要性与非必要性，初步掌握合理使用手机的方法。

3. 情感与态度目标：以对话形式开展交流，帮助学生感受与体验自律，坚定合理使用手机的信念。

[课前准备]

1. 设计关于学生使用手机情况的调查问卷。

2. 准备绳套若干。

［班会过程］

一、微观低头时光

1. 接龙分享，数据揭秘

师：同学们，我们生活在数字化时代，电子产品已经成为我们生活中必不可少的一部分。在众多电子产品中，手机在你的生活中扮演什么角色呢？

（课件出示“手机是我的________”，请学生接龙分享）

生 1：手机是我的五官。

生 2：手机是我的工具。

生 3：手机是我的命。

生 4：手机是我的朋友。

【设计意图】用“接龙分享”的方式导入，活跃课堂气氛，引出班会话题。运用心理学“自己人效应”设计互动话题，与学生保持同体观，站在学生的视角认可手机的重要地位，引导学生自如地表达个人对手机的看法，调动学生参与课堂的积极性。

师：同学们都脑洞大开，形象地描绘出手机的重要地位。课前我们一起完成了一份调查问卷。

①你是否有手机？

②你平时会在什么时候使用？

③假期的一天内，你会使用多长时间？

④你常用的手机应用程序有哪些？

⑤你认为手机哪项功能最重要？

⑥家长是否会限制你使用手机？

⑦家长常用的限制手段有哪些？

⑧你认为家长为何会限制你使用手机？

⑨你认为家长的限制方式有效吗？

结果显示，90% 的学生有自己的手机，65% 的学生放学后都会使用手机。与此同时，我们还发现交友、购物、游戏类应用程序是学生最无法割舍的应用程序。不过，我们也需关注，92% 的学生反映家长限制他们使用手机。数据显示，影响视力、影响学习成绩等原因促使家长限制学生使用手机。然而，只有 30% 的学生认为家长禁用手机、没收手机、规定使用时长等限制手段行之有效。我们不知不觉间已成为“低头族”。

师：为什么家长禁用手机、没收手机、规定使用时长等限制手段难以奏效？我们为何与手机难舍难分？接下来，老师将会用神奇的心理学与你一一揭开手机的神秘面纱！

【设计意图】课前调查，可以帮助班主任提前掌握学生使用手机的情况，用数据呈现学生使用手机的现状，有利于班会过程的推进。

2. 绘制彩瓶，剖析动机

师：手机是我们的朋友，我们对这位朋友了解多少？下面，请大家绘制容量瓶，走近这位手机朋友。

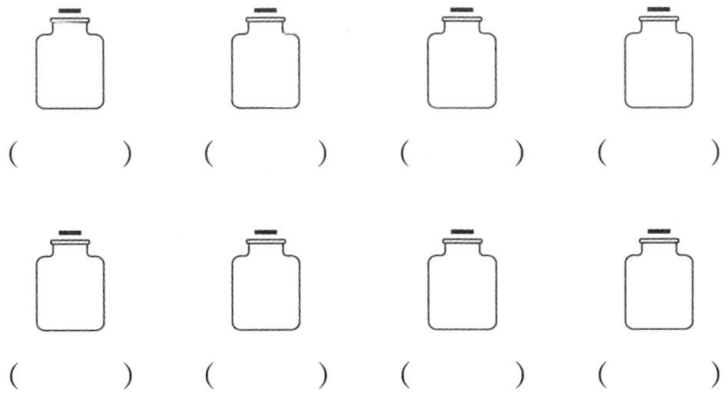

规则：

①在瓶子下方填写自己常用的手机应用程序名字，一个瓶子代表一个应用程序。

②用彩笔涂瓶子，容量越多代表使用该应用程序的时间越长，颜色越深代表该应用程序对你越重要。

【设计意图】引导学生直观感受个体使用手机的情况，了解自己对哪些手机应用程序存在依赖性，为剖析手机所满足的心理需求做铺垫。

师：请认真观察自己绘制的彩色瓶子，你们会发现，你们竟然对某些手机应用程序产生了依赖。为何手机能有如此大的吸引力，会让我们不自觉地投入大量时间呢？下面，我们通过一个小游戏，模拟这一心理过程。

规则：将全班学生分为两组，A 组拿到的游戏提示为，双方绳套不能脱离手腕，不能利用任何工具，限时 8 分钟将双方绳套松开。完成任务者可奖励班级积分卡。B 组拿到的游戏提示为，双方绳套不能脱离手腕，不能利用任何工具，将双方绳套松开。

A 组学生能在 8 分钟内，积极主动想办法解开绳套，并获得奖励。

B 组学生由于缺乏时间目标及奖励机制，很多学生尝试几次后放弃了挑战。

师：为什么 A 组学生的成功率更高？这恰好反映了我们使用手机时的心理过程。手机应用程序的研发者在设计时会利用用户心理，达到吸引用户的目的。在刚刚的游戏中，有目标提示和奖励吸引的 A 组明显比 B 组更能胜任游戏任务，这如同手机应用程序能满足用户的需求一样，内在心理动机会驱动我们不断被吸引，产生完成目标的满足感。

师：刚刚我们提到，班里只有 30% 的学生认为家长禁用手机、没收手机、规定使用时长等限制手段行之有效。正是因为我们内在的心理需求在不断地驱动着我们的行为，单纯的禁用与限制手段是很难长期奏效的。那么，每个具有巨大吸引力的手机应用程序，背后又承载着我们的何种需求呢？

【设计意图】这个游戏能激发学生的学习兴趣，帮助学生感悟内在心理动机如何影响行为，加深学生对手机依赖行为的思考。

师：现在，请同学们回看自己的彩色瓶子，继续思考：常用的手机应用程序分别能满足我们的哪些需求？

（课件展示如交友、排解压力、逃避亲子矛盾、获取知识等需求）

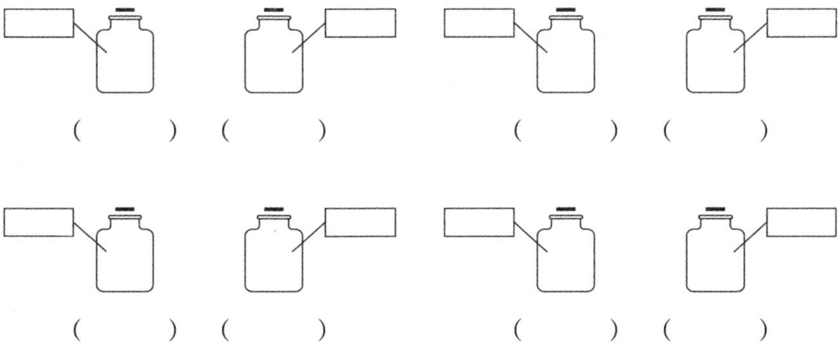

规则：在每个彩色瓶子旁边填写相关的心理需求。

【设计意图】引导学生根据提示剖析自身的心理需求。

二、欣赏“抬眼”风景

1. 搭乘时光穿梭机，再看需求

师：原来我们与手机共处的背后，隐藏着如此多的心理需求。种种心理动机，驱使我们长时间使用手机，甚至对手机难以割舍。生活在各个时代的人，都有自己不同的心理需求。同学们的爸爸妈妈，在他们的少年时代是没有手机相伴的，他们又是如何满足自己的各种心理需求的呢？下面我们一起搭乘时光穿梭机，穿越到爸爸妈妈的少年时代。请同学们畅所欲言，在没有手机相伴的时代，哪些线下活动能满足人们的哪些心理需求？

生 1：玩游戏，能够获得愉悦感。

生 2：和朋友们一起聊天，能够交到很多好朋友。

生 3：还能够充盈课余时间，缓解学习压力。

师：然而，回到当下的数字时代，这些活动是否能完全代替手机呢？

生 4：不能，手机能帮助我们便捷地查阅资料，了解最新资讯。

生 5：这些活动无法完全代替手机。例如，手机可以帮助我们迅速联系亲朋好友。

生 6：手机还可以帮助我们学口语，练习发音。在线下我们很难有机会与外教交流。

生 7：我还会用手机上网课，还可以跟着网上的吉他教练在家练习。

师：其实，我们有许多需求并不一定要依赖手机才能满足。在我们的现实生活里，能找到各种各样的线下活动来替代线上活动，我们不妨试试抬眼看看身边的风景。不过，手机的交互性能提高我们的生活效率，让我们更适应数字时代的学习与生活。看来，我们要与手机和谐相处，还有很多学问呢！到底如何管理和使用手机，才是科学合理的呢？

2. 减少依赖，寻找风景

师：接下来，请同学们与同伴一起完成表格（见表 1）。

表 1　抬眼寻找身边的风景

	必要时使用手机	非必要时使用手机
相关应用程序及其功能		
可满足的需求		
替代“非必要时使用手机”的线下活动（如，打篮球、去图书馆、晨练、与朋友外出游玩、看书、与家人一起逛商场……）		

【设计意图】初中生处于身心发展不平衡阶段，强制性限制使用手机的管理手段，容易让青少年产生逆反心理和不良情绪。因此，借用行为心理学的置换心理，在认可学生合理心理需求的前提下，帮助学生找到宣泄情绪与释放能量的健康的线下活动，能达到让学生合理使用手机的目的。

三、昂首迎接美好

师：此刻，相信很多同学都有一个疑问，为何老师和家长都提出要限制使用手机呢？除了大家在问卷中给出的影响视力、影响学习成绩等答案，还有一个答案是过度使用手机会在无形中对人体造成伤害。

神经学家曼弗雷德·斯皮策提出了“数字痴呆症”一词。他指出个体依赖数字媒体容易导致与脑损伤类似的认知能力下降。2020 年，美国加利福尼亚州立大学洛杉矶分校的研究人员指出，增加的屏幕使用时间被证实会令儿童语言习得、执行能力、认知和大脑发育较差。

师：看到这些研究数据，我们都能切身体会到限制使用手机实则是考验我们的自控能力，让自己的身体免受伤害。从今天起，老师和同学们一起昂首看看身边美好的现实世界吧！

【设计意图】此前的设计充分认同了学生的心理需求以及与学生建立相互信任关系的同体观，此刻课堂已进入高潮环节。因此，在第三环节以科研报告展示过度使用手机的危害，能为学生制造认知冲突，启发学生深入思考，进一步树立合理使用手机的观念。

师：从今天起，我们应如何与手机和谐相处，迎接美好的数字化生活呢？请大家写下此刻想对手机说的话。

活动规则：“我”的立场是自律，“手机”的立场是诱惑与过度使用，让“自律的我”与“不合理使用手机的我”进行交流。

（示例如下）

我：手机你好，我是你的好朋友。曾经我总是忍不住过度使用你，今天我想做出一些改变。

手机：朋友你好，听到你说想做出一些改变，我感到很意外。我的功能强大，你也是“机不离手”。我们那么亲密，你真的想要离我而去吗？

我：对我而言，你的确很重要！我并非想放弃你，只想合理规划使用时间，例如，做一些线下活动。

手机：线下活动不够便利，还是把我捧在你的手心里吧！

…………

【设计意图】心理学研究表明，个体存在两个自我。与手机对话，实质上是引导学生让“自律的我”与“不合理使用手机的我”进行交流，帮助学生在此过程中描述两种相互抗衡的想法，积极支持“自律的我”，坚定合理使用手机的信念。

[课后延伸]

手机管理是一项持之以恒的教育活动，需要家校、师生共同努力。本节班会后，可开展系列行为与心理跟踪活动，记录学生使用手机的情况。

1. 填写“我与手机的相处时光”表（见表 2）。

表 2　我与手机的相处时光

日期	（　）月（　）日	（　）月（　）日	（　）月（　）日
合计使用时长			
必要时使用时长			
非必要时使用时长			
线下开展的活动			
我的改善计划			

2. 制定与手机和谐共处的 X 项原则（见表 3）。

表 3　与手机和谐共处的 X 项原则

家庭成员		约定期限	
原则	规定		
互相尊重			
平等互利			
和平共处			
……			

3. 完成一次户外家庭活动设计，以制作手账本的形式记录这次户外家庭活动。

【设计意图】课后延伸活动旨在帮助学生营造良好的心理场，帮助学生以行为跟踪和营造家庭氛围两大切入点持续改变手机使用行为，强化学生合理使用手机的意识，让学生进一步掌握合理使用手机的方法，提升数字化时代的适应与生存能力。

［反思与总结］

1. 本节班会以行为心理学的置换理论为基础，需要班主任在课前展开调查，收集班级学生使用手机的数据，为课堂上的方法与行为引导提供依据。

2. 绘制彩瓶活动需要学生追溯自身日常的手机使用习惯，班主任可以提示学生与同伴展开讨论，帮助学生打开思路，尽可能记录个体常用的手机应用程序，为学生剖析手机满足自身哪些需求做铺垫。

3. 搭乘时光穿梭机活动的目的是，帮助学生理解在非必要使用手机的时间可做线下活动。为了帮助学生更深刻地思考，可要求学生课前采访父母，了解父母的成长感受。

4. 建议教师在学生与手机对话的活动中借助示例介绍方法，帮助学生在此过程中描述两种相互抗衡的想法。示例设计源于学生的手机使用情况，可参考课前调查数据提前设计。

》广东省佛山市南海区桂城街道平洲第二初级中学　陈敏

价值观篇

8. 谁说站在规则里不能享自由
——树立规则意识主题班会

［班会背景］

从小学进入中学，对七年级学生来说这是一个飞跃。他们对周遭一切感到既陌生又好奇，心态比较放松。他们特别留恋小学轻松自在的生活，容易出现我行我素、漠视规则的行为。因此，帮助学生树立规则意识，引导学生理解并认同遵守规则的必要性，学会平衡规则与自由之间的关系，就显得尤为重要了。

［班会目标］

1. 知识与认知目标：帮助学生了解自由和规则之间的联系。

2. 方法与能力目标：通过活动体验、老师点拨等方式，指导学生逐步在行动中寻找方法，以培养遵守规则的品质。

3. 情感与态度目标：激发学生遵守规则的情感态度。

［课前准备］

设计表格，准备游戏道具——瓶子、小球、绳子。准备秩序混乱的电影院和公路的图片。

［班会过程］

一、游戏导入，初识规则

师：看到大家脸上灿烂的笑容和对道具好奇的表情，我相信大家对今天的班会特别期待。大家能猜猜今天班会的主题是什么吗？

（生抢着发言，略）

师：前几天，在例行的安全防控调查中，我收到这样一条建议："反对校规，我要自由！"

学生面面相觑，有些人小声地讨论起来。

师：通过感叹号，我足以感受到这位同学内心强烈的情绪。台下已经有同学迫不及待地窃窃私语，那今天我想和大家聊聊规则和自由，首先想问问大家：这两个词之间有关系吗？如果有，有什么关系呢？

（生答略）

师：同学们回答得非常好。请大家继续思考这个问题。在这节课结束时，我们再来回顾这个问题，看看大家有没有新的思考。现在我们来玩一个小游戏，看看谁反应最快并且回答正确。

老师在大屏幕上投影游戏名称和规则。

名称：规则说。

规则：老师在说"规则说"之后下达的指令，学生需要照做；若老师没有说"规则说"，则下达的指令不能做，否则就是违反规则。比如，当老师说"规则说，打开书"时，全体同学需要做打开书的动作；当老师说"起立"时，全体同学不需要做起立的动作。

在活动过程中，刚开始违反规则的学生比较多。

游戏结束之后采访学生。

师：听到指令后，只能做加了条件"规则说"之后下达的指令，你对此有什么感受？

生1：很不舒服。

生 2：很痛苦。

生 3：尽管别扭但是很刺激。

生 4：多练几次就比较容易适应了。

…………

师：没错，规则就是磨人的小妖精，看来大家的体验很深刻。看到大家都能努力适应规则完成游戏，说明大家的适应能力很不错，老师非常高兴。刚开始很多同学违反了规则，并且觉得很别扭、很不舒服，那为什么这些同学后来能逐步遵守规则，而不再我行我素呢？谁来分析一下？

生：如果不遵守规则，就会和别的同学行为不一致，显得格格不入。

师：所以说规则是什么？规则是一种约定俗成的规范，供大家共同遵守，从而达到指定范围内的公平或和谐。

（板书：规则是什么？一种约定俗成的规范。）

【设计意图】用游戏导入，调动学生的积极性，提高学生的兴趣，让学生认识规则。如果有条件，可以把本次班会安排在户外，创设轻松、愉悦的环境。在户外，没有教室的禁锢，师生的关系瞬间拉近，宛若朋友，学生可以畅所欲言。有心理学家研究发现，人在户外会身心放松，更容易接受新事物。

二、复盘活动，强化规则

1. 游戏切入

师：在社会和生活中，我们不遵守规则会怎么样？我们继续玩一个游戏——逃出生天。请同学们按小组来到讲台边。假设这是一个火灾现场，出口只有一个——瓶口。瓶口一次只容得下一个小球进出，瓶子里的小球代表你们本人，你们只有 10 秒钟的逃生时间。你们需要把小球从瓶口拉出来，每个小球都带有一根绳子。

2. 活动复盘

活动结束后，请同学们反思：挑战成功或失败的原因是什么？

师：从这个活动中，你们悟出了什么道理？

（生答略）

师：是的。如果大家都争先恐后地往外拉绳子，球跟球挤在瓶口，就没有一个球能够逃离。但如果定好规则，依次行动，用不到10秒就都能逃出来。由此我们可以得知，虽然遵守规则会被限制一定的自由，但是维护了集体的共同利益，这也是对自己、对他人负责。

（板书：维护共同利益。）

3. 讨论交流

课件展示秩序混乱的电影院、公路的图片。

师：如果没有规则，社会是什么样子的？建立规则的目的是限制自由吗？

【设计意图】心理学认为合理利用“游戏力”比说教管用。游戏力指的是游戏能够让人沉浸在里面，并且会很愿意去完成游戏里面的目标。学生通过游戏和实例，深入思考，更能自主习得规则，继而强化规则意识。

三、实际行动，内化规则

师：我们班里存在一些不遵守规则的现象，我们来看一下。这些问题是不是很熟悉，有没有在你身上出现过？今天我们一起及时解决身边不遵守规则的问题。大家想不想维护我们的共同利益？想不想让班级变得更好？每个小组都发了小卡纸，小组讨论为什么会出现这些不遵守规则的现象？不遵守这些规则会有什么后果？遵守这些规则会享受什么自由？如何解决？都写在卡纸上。

课件展示：

①值日生工作效率低导致上课迟到

②教室地面有垃圾

③不及时上交作业，早上到教室补作业

④课间在走廊追逐打闹

⑤骑电动车

⑥在课堂上尤其是自习课上讲话、睡觉

（生讨论）

师：所以每个人都自觉做好自己应该做的事就是遵守规则，这样我们的班级、我们的学校才会越来越好。只有遵守了规则，才能享受对应的自由。

（板书：怎么做？每个人都自觉做好自己应该做的事。）

师：从不遵守规则到遵守规则，这个过程或许会很痛苦，在行为心理学中，人们把一个人的新习惯或理念的形成并得以巩固至少需要 21 天的现象，称为 21 天效应。这就是说，一个人的动作或想法，如果重复 21 天就可能会变成习惯性动作或想法。这里给大家提供一个心理小妙招：不想遵守规则的时候，我们可以把“被迫”换成“我愿意”或者“我选择”。比如，把“为遵守按时到校的校规我被迫早起”，改成“为遵守按时到校的校规我愿意或我选择早起”。做出这样的心理暗示，你就会轻松、快乐很多。久而久之，就容易养成遵守规则的习惯。

师：回顾最开始的问题，对于规则和自由二者的关系，大家现在有什么新的感悟吗？

（生答略）

师：作为老师，我希望大家能够自觉遵守规则，维护共同利益，让我们的社会更加美好。那就先从遵守身边的规则做起，享受遵守规则带来的好处。现在我们一起制定班级公约维护我们的共同利益吧！

[课后延伸]

1. 思考：有人说“自律者自由”，为什么呢？请课后查阅资料，下节课以小组为单位进行分享。

2. 请反思自己没有遵守哪些规则，若日后遵守这些规则，自己将会获得什么自由（见表 1）。

表 1　规则与自由

地点	要遵守什么规则	将获得什么自由
例如：自习课	自觉学习，不说闲话	内化知识，提高学习效率

【设计意图】引导学生将本节课所讲内容运用到现实生活中，解决班级中存在的不遵守规则现象。

[反思与总结]

做“规则说”游戏的时候，教师尽量把控好语速和语调，营造游戏的紧张感，提高学生的兴趣。

» 广西壮族自治区柳州市第一外国语实验中学　梁颖雪

9. 今日我站岗

——致敬劳动者主题班会

[班会背景]

1. 坚持“五育”并举，全面发展素质教育。

2. 老师发现很多学生的劳动意识有待提高。很多学生不会叠被子，不会换床单、被罩，不会洗衣服。很大原因是生活条件优越了，家长怕孩子累着或想要孩子把时间用在学习上，一切事情都包办代替，慢慢造成孩子漠视劳动，甚至出现不会劳动，不想劳动，不珍惜劳动成果的问题。

3. 开展劳动教育，需引导学生在生活中实践，而可歌可泣的劳动者正是宝贵的劳动教育资源。

[班会目标]

1. 知识与认知目标：让学生认识到劳动能创造幸福生活，学会换位思考。

2. 方法和能力目标：帮助学生体会劳动者的艰辛，指导学生运用技能解决生活中的问题，最终养成良好的劳动习惯。

3. 情感与态度目标：帮助学生树立热爱劳动、尊重劳动的意识，牢固树立劳动最光荣的价值观。

[课前准备]

1. 打印制作牌子，分别写上教师、快递员、外卖配送员、厨师、餐饮服务人员、医护人员、科研人员、保安、建筑工人、军人、公安干警、农民、环卫工人、车间工人、维修师傅、电力抢修工人、出租车司机、社区工作者、艺术工作者等。

2. 制作“今日我站________岗”任务卡和评价表，分好户外活动小组，在班会课前完成任务。

3. 搜集医护人员、社区工作者、公安干警和快递员工作的故事、图片和视频。

4. 分好六个讨论小组。

5. 制作班会课件。

[班会过程]

一、玩心理小游戏，觉劳动可敬

师：我们今天的班会课玩着上。

（学生都瞪大眼睛，集中注意力，向老师望去）

师：请 A 同学上讲台，并面向黑板站立。下面我讲解一下游戏规则。A 同学先回答我提的一连串二选一的问题，然后大家一起猜测 A 同学心目中最可敬的劳动者是什么职业。

师：请全体同学起立，并举起手中的牌子，觉得自己心目中的劳动者形象不符合 A 同学答案的请坐下。

师：你心目中最可敬的劳动者是凌晨起床上班，还是朝九晚五上班？

师：你心目中最可敬的劳动者假期需要加班，还是享受周末双休？

师：你心目中最可敬的劳动者是经常吃盒饭，还是在固定饭堂就餐？

师：你心目中最可敬的劳动者有固定劳动场所，还是无固定劳动场所？

老师结合具体情况，不断提问，只剩下最后一位同学 B 没有坐下时，老师停止提问，请 A 同学转过身来，说出自己选出来的最可敬的劳动者。

师：有请 B 同学上台，与 A 同学并肩面对全班同学站立。

师：（朝向 A 同学）选出来的最可敬的劳动者和你心目中最可敬的劳动者相同吗？

A 同学：不相同。（回答“相同”也不影响下面的提问）

老师问 B 同学上面二选一的问题，B 同学根据自己的体会，描述自己心目中的劳动者形象。

老师可以有意识地提问几位平时劳动意识有待提高的学生，让他们也分享一下自己心目中的劳动者形象。学生描述消极的地方，老师要及时纠正；描述精彩、积极的地方，老师要及时肯定、鼓励。

课件展示各行各业劳动者工作时的图片。

师：虽然同学们描述差异大时，会引来大家开心大笑。但是通过对答案的选择和对劳动者形象的描述，我们发现同学们对各行业一线劳动者有了更深的理解和认识。劳动者就在我们身边，我们都是平凡的劳动者。

【设计意图】通过做心理小游戏和展示图片，引导学生深入了解和认识身边劳动者的艰辛，从而潜移默化地加深学生对心目中最可敬的劳动者的认同感。教师利用移情效应，通过班会有意识地引导学生学会换位思考，理解他人，以达到自我教育的目的。

二、情系祖国，思劳动伟大

播放医护人员、社区工作者、公安干警、快递员坚持在一线奋斗的视频。

师：当前，我国正处于实现中国梦的关键时期。国家的繁荣，民族的复兴，社会的发展，人民的幸福，都离不开每个人的劳动。同学们，你还能说出哪些劳动者中的英雄事迹？

生 1：跨海大桥、高铁列车等工程是劳动者伟大的杰作。

生 2：航天科技、航空母舰是劳动者前赴后继、艰苦奋斗的结果。

…………

师：同学们说得非常好，劳动者无贵贱之分。他们用勤劳的双手创造了一个又一个奇迹，他们是社会上最美丽、最崇高的劳动者，理应成为我们学习的榜样。

【设计意图】本环节通过播放劳动者的奋斗视频、宣讲劳动者的故事、讲述典型的人物事迹和具有代表性的工程，引导学生发现身边的劳动之美，让学生树立劳动精神，思劳动伟大。心理学家库利提出的镜像自我原理指出，个体把别人当作镜子来进行自我感知。本环节以劳动美、劳动伟大作为一面镜子，对学生进行教育，帮助学生学会尊重劳动者，尊重劳动成果。

三、今日我站岗，感劳动艰辛

师：前面，同学们说得这么全面，说明同学们很关注国家的发展，对我们伟大的劳动者也十分关心。伟大的工程都是一线工作者勤劳建设的成果。之前我们已经进行过“今日我站________岗”活动，那么请大家结合活动感受，讲一讲我们身边的劳动之美。

生 1：我体验到了无论严寒酷暑都坚持工作的街道清洁工人的辛苦。

生 2：我承担交通护学岗的职责，觉得参加这项活动是融入社会的一种方式。现在我特别能理解交通警察的艰辛。

生 3：我做志愿者为同学们提供了便利和帮助，明白了服务他人的同时也能体现自我价值。

生 4：原来饭堂阿姨这么不容易，以后我再也不会对她们大喊大叫了。

…………

“今日我站________岗”活动任务卡和评价表（见表 1、表 2、表 3、表 4）。

表 1　今日我站__交通护学__岗任务卡

分工	组长：________　　组员：________________________________
时间	早上上课前或中午、下午放学后
地点	学校路口拥堵路段
任务	①文明劝导家长维护电动车停放秩序。 ②指挥电动车和小轿车分流行驶。 ③指引接送孩子的家长按照标志在校门路段行走。
工具	口哨、小红旗、文明牌、工作马甲、太阳帽
目标	增强学生对交通工作的了解，增强学生的社会责任感、使命感，体验门卫叔叔和交警叔叔工作的艰辛。
技巧与安全	遵守交通规则
收获与反思	

表 2　今日我站__爱心助人__岗任务卡

分工	组长：________　　组员：________________________________
时间	早上上课前或中午、下午放学后
地点	学校路口
任务	①帮助返校学生拉开车门。 ②帮助小学部学生提书包、整理校服和红领巾。
工具	一次性手套、一次性口罩、免洗洗手液、体温计、水银温度计、工作马甲
目标	增强学生对社区志愿者工作的了解，增强学生的社会责任感、使命感，体验志愿者工作的艰辛。
技巧与安全	
收获与反思	

表 3　今日我站__饭堂服务__岗任务卡

分工	组长：________　　组员：________________________________
时间	午饭、晚饭时间
地点	学生饭堂
任务	①负责学生进出饭堂的队列管理。 ②督促学生在窗口排队打饭时不要扎堆，要保持一米距离。 ③文明劝导光盘行动。 ④协助饭堂工作人员做好卫生工作。
工具	一次性口罩、工作证
目标	增强学生对餐饮工作的了解，增强学生的社会责任感、使命感，体验饭堂大叔、大妈工作的艰辛。
技巧与安全	慢步行走，注意防滑
收获与反思	

表 4　“今日我站岗”评价表

类别	评价目标	评价标准	评价方式
劳动技能	①掌握劳动常规流程和技巧。 ②待人有礼，解说大方流利，正确使用工具。 ③工作区域无遗留卫生问题，完成任务后，能整齐摆放工具。	A. 能正确使用工具，熟练完成劳动实践。 B. 基本能使用工具，初步完成劳动实践。 C. 不能正确使用工具，无法完成劳动实践。	自评、他评
参与合作	①工作态度积极。 ②善于聆听与沟通。 ③服从安排，能分工合作，配合完成任务。	A. 态度积极，配合流畅。 B. 态度良好，合作良好。 C. 态度一般，合作较好。	自评、他评
安全意识	遵守规则，安全有序。	A. 安全意识强，过程有序，无人受伤。 B. 安全意识良好，过程较有序，无人受伤。 C. 安全意识有待加强。	自评、他评
劳技成果	完成目标和任务。	A. 完成任务，效果显著。 B. 基本完成任务，效果良好。 C. 完成大部分任务，效果一般。	自评、他评

师：同学们，通过小组活动我看到了很多同学不嫌脏、不怕累。大家亲身体验了劳动的艰辛，更感受到了劳动的光荣。大家对劳动有了进一步的认识，希望大家今后学会换位思考，体谅他人劳动的不易，尊重劳动者，重视别人的劳动成果。

【设计意图】运用体验式教学法，注重情感体验，引导学生利用共情和同理心，了解到劳动者平凡而伟大，从而净化人的心灵，陶冶人的情操。

四、从小事做起，践行劳动精神

师：同学们，这些劳动者有什么共同特点呢？作为学生，我们该如何从小事做起，践行劳动精神？小组内展开交流讨论，五分钟后，谈谈做法。

生 1：学习上遇到困难，要迎难而上，勇于争先。

生 2：学会自己整理物品，提高自理能力，自己的事情自己做。

生 3：助人为乐，做事要一丝不苟。

生 4：学生干部要乐于奉献，勇于担当。

……

师：幸福是奋斗出来的。我们今天的幸福生活，是勤劳勇敢的人民努力奋斗换来的。我们应该牢记“劳动最光荣”“劳动的人最美”，充满激情，热爱劳动，勤奋读书，以优良的品格、扎实的基础、过硬的技能，担负起时代使命，让青春绽放光彩。

【设计意图】层递效应告诉我们，当某人已有较低层次的基础时，如果再适当向前引导，他往往会逐渐接受更高层次的要求。在学生已有劳动知识和经验的基础上，教师稍加正面、积极引导，会帮助学生树立更全面、正确的劳动价值观，培养他们不畏艰难的担当意识。

[课后延伸]

1. 期中考试过后举行班级“最美劳动者”评比，收集学生劳动的照片，贴在班级展示墙上，并评出最佳班级劳动者和最佳家庭劳动者。

2. 课后学生自由组合成立劳动社会实践队，制订劳动实践计划，分工合作。将实践过程录制成短视频，届时通过微信视频号或抖音发布。

【设计意图】心理学家斯金纳提出强化理论。他认为一种行为获得奖励之后，会提高这种行为发生的概率，奖励对行为的再次发生起到了强化作用。用走心的教育方式，赏识、赞扬、鼓励学生，能帮助学生树立自信心。比如，可以让学生体验到成功的喜悦。人在心理需要得到满足之后，会产生比物质满足更大的成就感。教师应强化学生的自尊心，激发他们的动力，促进劳动意识的生成。

[反思与总结]

1. 本节班会以“觉—思—感—践”为主线设计主题教育。

2. 本节班会有三个特点：趣味、灵活、有实效。趣味表现在班会从一开始，就以学生喜闻乐见、易于接受的游戏形式导入，既深得学生喜爱，又能较好地引出劳动主题。灵活表现在班会设计了体验活动的环节，教育场所灵活，实现了从课堂到课外，从课内到生活的迁移。有实效表现在先后采用了心理游戏、户外活动、技术赋能、小组讨论、课后延伸等形式，一环扣一环，层层递进，符合学生的认知规律，保证劳动教育取得实效。

» 广东省湛江市东盟城学校　莫延涛

八年级

交往篇

1. 理想型，你能行
——青春期异性交往主题班会

［班会背景］

中学阶段是学生成长的特殊时期。此时学生正值青春期，是身心变化最为迅速而明显的时期。由于性心理与生理逐渐趋向成熟，部分学生步入对异性的关注与接近阶段。异性交往在青春期性教育中处于一个非常重要的位置，正常的异性交往对中学生的成长与发展具有积极的作用。本次班会旨在通过活动让学生认识理想异性的特征，掌握成为理想型的方法，为学生日后获得成熟爱情积累经验。

［班会目标］

1. 知识与认知目标：通过活动认识自己心中理想异性的外形、品性、能力三个方面的特征。

2. 方法与能力目标：通过小组讨论、合作，知道成为理想型的方法，培养团队合作能力。

3. 情感与态度目标：初步建立正确的异性交往观，积极面对心中对异性的懵懂感觉。

［课前准备］

空白流体熊、标签纸、外形大改造单、角度转换表、能力大转盘。

［班会过程］

一、团体暖身阶段

活动一：悄然无声来问候

活动规则：全班学生站起来用身体姿势来跟你的伙伴打个招呼，单数排的同学向后转，双数排的同学保持不动，两两一组。

师：我们每天都会跟人打招呼。打招呼是常见的打开话题的方式，那么今天在课堂开始，我们就一起选择我们喜欢的身体姿势跟同学们打招呼吧！选择：双手抱头——点点头，双掌相击——击个掌，双臂交叉——抱一抱。

可能出现的情况：男生与女生的组合全部选择没有身体接触的方式，熟悉的异性同学可以接受击掌，同性又熟悉的伙伴则更多选择身体接触的方式。

师：在活动中，你有什么感受和发现？你认为原因是什么？（生答略）

师：（小结）回想起在小学的时候，我们交朋友时，并不特别在意对方的性别，但是当我们步入青春期时，我们有些时候会下意识地与异性拉开距离。

【设计意图】通过活动让学生关系迅速破冰，在活动中自然地接触异性，从而激发学生对异性交往的真实感受，引出主题。

活动二：现实调查

调查初中生阅读言情小说的动机及喜爱程度。大部分初中生（92.3%）喜欢阅读言情小说，仅 7.7% 的学生讨厌阅读言情小说。

师：为什么那么多学生喜欢看言情小说呢？

答案预设：

①因为觉得故事很甜蜜。

②主角学习好，性格好，让人很憧憬。

③故事很有趣。

师：我们究竟希望跟什么样的异性交往呢？（生答略）

师：（小结）进入青春期后，我们不是单纯地不愿意跟异性交往了，而是异性对我们来说有更多的意义。我们内心对他们产生了更多的憧憬。我们每个人的内心都有自己的理想型。

【设计意图】通过活动让学生体验与异性交往的距离感，再通过调查来发现学生内心是憧憬理想异性的，引起学生共鸣，引出青春期异性交往的主题。

二、团体转换阶段

活动一：制作我的理想熊

师：自己亲手制作能够创造出属于自己的独一无二的流体熊，今天我们一起制作流体熊吧！

活动规则：6—8 人一组，小组同学把那些自己希望理想异性拥有的特征写在标签上，然后将这些标签按照流体熊的对应位置进行分类，讨论哪些标签可以贴到流体熊上。外形标签可以贴在熊的头上，品性标签贴在熊的肚子上，能力、才干标签贴在熊的四肢上。通过给流体熊的不同位置贴上不同的标签，小组制作一只专属的理想熊。

理想异性特征参考词汇：漂亮、帅、大方、孝顺、善良、诚实守信、干净整洁、有气质和风度、对我好、身心健康、幽默风趣、仰慕对方、认真、有共同爱好、谦虚、身材好、个子高、关心体贴、礼貌、尊重他人、学习成绩好、开朗、热心助人、有特长、温柔、宽容大度、脾气好、真实、不做作、勤劳、自尊自爱、俭朴、老实、团结合作、有活力、真心、独立、机灵、坦诚、明事理、遵守规则、善解人意、责任心强、活泼可爱、真诚、对人友好、有远见、健谈、善于表达、平易近人、乐观、知识渊博、聪明、有爱心、热情、有个性、专一、知心、无不良嗜好、衣着打扮时髦、有安全感、有主见、正直、无暴力倾向、勇敢、坚强、人缘好、有目标和计划、爱国家、爱集体、会做家务、知错能改、单纯、果断、思想开放、直率、公平正义、沉着冷静、积极进取……

小组分享各自理想熊的特点。

活动二：我与理想熊之间的距离

活动规则：小组随机抽取一只理想熊带回组内。小组成员观察新的理想熊身上拥有的特征，把那些自己已经拥有的特征写在“我已经拥有的特征”人形板的位置上，把那些自己期待拥有的特征写在对应的“我期待拥有的特征”人形板位置上（见图 1）。学生分享。

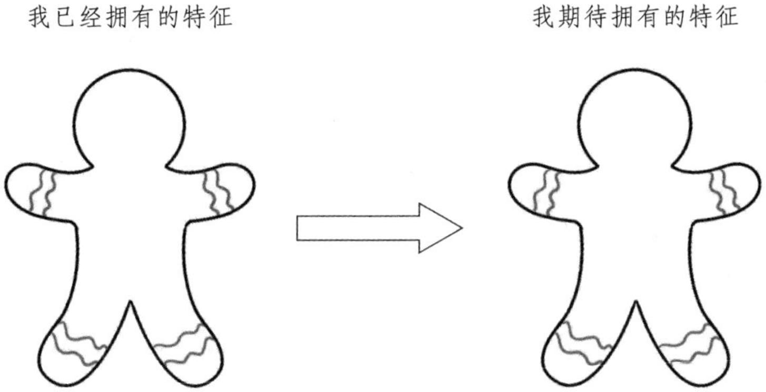

图 1　我与理想熊之间的距离

提问：

①如果理想熊是现实中的一个异性，会吸引你的目光吗？

②当你发现你已经拥有理想型的特征时，你有什么感受？

③如何拥有那些自己期待的理想型特征呢？

【设计意图】通过活动和讨论，明确学生心中的理想异性特征，同时帮助学生发现自己身上也存在理想异性特征。

三、团体工作阶段

活动规则：一共三个活动，分别包含了对外形、品性和能力三个理想型关键点的探索，每两个小组做一个活动的探索。

活动一：外形大改造，小组同学根据影视剧人物照片共同对角色进行外形改造，填写外形大改造单，结束后填写改造感悟。

活动二：角度大转换，分析下面两个案例中小明不被人喜欢的原因，帮助小明改变想法，填写角度转换表（见表 1），并总结这种改变体现了理想异性的哪些积极特征。

案例 1

小明由于本次月考成绩优秀，所以非常开心，不停地跟身边的同学展示自己的优异成绩。这段时间大家都不喜欢和小明说话。

案例 2

小明很喜欢打篮球，因为技术很好，所以经常在球场上很不客气地指出自己队员的不足之处，导致大家都不想与小明一起打球，但是小明觉得自己只是指出了别人的错误而已。

表 1　角度转换表

小明目前的状况：	小明原来的想法：	小明的行为：	结果：	
	你帮助小明改变想法：	出现新的行为：	结果：	这种改变体现的积极性格特征是：
总结：				

活动三：能力大转盘（见图 2），在能力大转盘中填写自己的能力以及兴趣，并写下提升的方法，进行小组讨论。

图 2　能力大转盘

（生分享，略）

教师小结：

①外形：干净、整洁最重要，要讲卫生，勤运动。

②品性：多个角度看世界，通过积极的解释去发现生活中事物美好的一面，积极帮助身边的人。

③能力：从兴趣开始，先培养兴趣，再提升能力。

【设计意图】通过活动探索，充分挖掘学生自身的资源，在团队合作中总结成为理想型的方法。

四、团体结束阶段

运用总结的方法，为自己想拥有的理想型特征做一个计划吧！

我的理想型成长计划

我想拥有的理想型特征是：________。
我将会用________天实现。
我会先________________，
然后________________，
再________________，
最后成功拥有这种特征。

学生分享计划。

教师总结：步入青春期，每个人都有自己的理想型，殊不知其实我们身上早已拥有一些理想型的特征。随着我们的努力，我们会慢慢地拥有更多的理想型特征，这样，我们的理想型朋友也会主动地跟我们成为朋友的。

【设计意图】在课堂的最后，让学生总结本课的收获，争取应用到自己的实际生活中来，将课堂指向未来。

[课后延伸]

班主任根据学生的理想型成长计划，以月为单位，组织学生分组以座谈会形式轮流分析本月“如何拥有某个理想型特征”。比如，通过哪些行动拥有某个理想型特征，实现情况如何。

小组学生积极分享成功经验，总结失败原因，并根据本月实现情况调整下一阶段的计划，小组其他同学可以一起出谋划策，给予建议。

三个月后，在班级宣传栏中展示首批成功拥有了某个理想型特征的学生，让他们用一句话分享心得。

在实行理想型成长计划的过程中，班主任要注意引导学生的价值观，在座谈会上要了解学生分享的内容。班主任要及时提供正向指导，引导学生往积极、阳光的方向发展。

［反思与总结］

1. 本课的亮点是通过丰富的团体活动让学生从认识理想型、探索理想型到成为理想型。既让学生不排斥青春期成长中正常的心理萌动，也正向地引导学生发现自己的美好，成为更好的自己。本节班会的设计思路顺应了学生的身心发展规律。

2. 由于本课的生成性较强，在上课过程中授课老师需要抱着开放、科学的态度去面对成长中的学生，及时抓住学生的生成点进行引导，这样才能有效地达成本课的三维目标。

» 广东省佛山市南海区南海实验中学　吴志琳

2. 门，其实开着
——掌握与父母沟通的技巧主题班会

[班会背景]

我做过一次面向家长的问卷调查，调查结果显示，家长普遍认为孩子进入初中后，与家人交流的时间越来越少。大部分家长表示，孩子很少主动与父母分享生活，有时候还会对家长的追问显得很不耐烦。与此同时，我也对学生进行了有关亲子沟通的问卷调查。不少学生表示，自己深爱父母，但比较抵触与父母沟通的方式，不知如何是好。

青春期的孩子正处于"心理断乳期"，一方面渴望独立，另一方面在生活上要依赖父母。进入八年级后，学生要求独立自主的心理需求明显增强，但他们控制情绪和行为的能力有待提高，这种矛盾极易导致他们与父母产生沟通障碍。

恰好，学生近期写了一篇命题作文《门，其实开着》，有学生谈到了与父母的沟通问题。借此契机，我设计了这节亲子互动的班会课，旨在结合父母和孩子在生活中的亲身经历，让大家在彼此分享中探索适合自己的亲子沟通方式，学会更好地表达爱。通过本节班会课，尝试三方合力处理亲子沟通问题，引导孩子掌握必要的亲子沟通技巧。

[班会目标]

1. 知识与认知目标：引导孩子和家长一起重温生活中的美好和感动，再次感受爱与被爱，在认知上明确父母很爱孩子，孩子也很爱父母，而且孩子本身就有爱父母的能力。

2. 方法与能力目标：通过分析小时候与父母成功沟通的情况和当下与

父母沟通不畅的情况，自主归纳有效沟通的方法，学会在实际生活中以爱与尊重为沟通前提，并灵活运用倾听、换位思考以及合理表达等方法与父母沟通。

3. 情感与态度目标：与父母共情，理解和体会彼此的心境，提高幸福感、自豪感和自信心。

[课前准备]

准备工作：收集每个环节的备用资料（亲子故事、照片、家长制作视频《此情可待》）。邀请全班家长线上参与进来，也方便他们与孩子面对面互动。

【设计意图】培养良好的亲子关系需要双方共同努力。家长与孩子通过倾听对方的心声，产生同理心，感受爱与尊重的重要性，自主生成一些亲子沟通技巧，进而建构更理想的亲子关系，实现行为主体知、情、意、行的统一。

[班会过程]

一、打开记忆的闸门——小时候的我们好会爱

1. 视频导入：观看一位家长制作的视频《此情可待》

该视频记录了孩子从出生以来的成长点滴，配乐是班里孩子学唱的歌曲——《父亲》。

2. 神秘嘉宾：听爸爸妈妈线上讲故事

在家长群里收集亲子故事及照片，并进行分类整理，然后邀请一些家长线上分享。

比如，从孩子第一次写的日记直到初中作文的手稿，上面遍布爸爸密密麻麻的红色批语；孩子在母亲节或者妈妈生日时亲手制作的爱心画、手

抄报和表白信；孩子在家里热心帮爸妈煮饭、教爸妈使用新型科技产品等暖心故事。

3. 心领神会：小时候的我们好会爱

爱是相互的。爱需要感受，需要表达，更需要行动。要让学生感受到小时候的我们好会爱。

【设计意图】本环节意在让学生和家长在重温美好的过程中感受爱与被爱的幸福，体验到当自己爱与归属的需求得到满足时的那种愉悦感。因为讲的是真实经历，讲述者又是爸爸妈妈，有的妈妈比较感性，在讲述过程中不禁落泪，所以对学生来说，即使不是自己而是身边同学的故事，也能感同身受，颇为动容。

二、碰撞青春期的铁门——长大后的我们不会爱

教师出示问题：班会课前家长、孩子分别收集了平时亲子沟通中常见的冲突性话语，请他们分别说说自己对这些话语的理解。

例如，孩子周末想外出和同学游玩，家长询问去哪里玩，和哪些同学玩，孩子不耐烦，通常会说："要你管！你管那么多干吗？好烦啊！"

孩子的心理诉求是："我已经长大了，有独立自主的能力了。您相信我，我会照顾好自己的。"

但是家长的理解是："明明我只是想关心你，你却总是朝我发脾气，一点儿也不体谅父母。"

师：你有类似的经历吗？请说出你的故事。

在听故事的过程中，我们可以从孩子的表述和语气中明显感受到孩子的烦躁、气愤以及一丝落寞和挫败感。在亲子沟通中孩子一直处于被要求、被否定的状态，因为理解和尊重的需求得不到满足，所以孩子很容易情绪暴躁，自然就会沟通困难，渐渐地家长和孩子也就感觉不到彼此的爱了。

【设计意图】共情就是理解他人特有的经历并相应地做出回应的能力。教师用学生的亲身经历引发共情，然后组织大家一起来发现、分析并尝试解决亲子沟通中的一些常见问题。与此同时，也让倾听的家长领会到：满足尊重需要是青春期的孩子愿意与人沟通的一个重要前提。父母爱孩子是肯定的，但是如果爱的方式不对，它就成了伤害。

三、通往幸福的心门——爱与尊重，倾听共情

师：何为亲子关系的正确打开方式？请同学们和家长据实探讨，然后统一时间在评论区出示关键词。

生：（汇总出现频率很高的关键词）耐心倾听、爱与尊重、换位思考、共情、表达方式。

师：大家太厉害了！诚如大家所言，耐心倾听是有效沟通的基础。心理治疗师萨提亚认为，每个人的内在都是一座冰山，当一个人表现出某个外显的行为时，他的内在会发生一系列看不见的变化。青春期的孩子身心变化相对明显，父母更要耐心倾听，适度放低姿态，观其行为，听其声音，学会运用多种有效沟通的技巧去理解孩子行为背后的深层意义。同样，孩子也应耐心倾听父母的心声，换位思考，多理解父母。

【设计意图】倾听既体现了爱与尊重，又是爱与尊重的延伸，只有先听，再分辨，方能更好地爱。

师：听是为了懂，懂后更会爱，那么爱要怎么说出口呢？接下来，让我们一起来回顾那些年有用的表达方式。这次为师先来，其实我爸妈一直在参与这节课，现在我来连线，请他们聊聊我在成长过程中令他们印象深刻的事。（出示毕业时写给父母的万言感谢信，略）

（对此环节，学生表现得异常激动，毕竟老师也曾是少年，老师也要处理亲子关系。）

师：还有哪些有用的表达方式呢？

生：先发制人的主动表达、别具特色的幽默表达、先处理情绪再处理

事情的理性表达等。

【设计意图】本环节可以活跃课堂气氛，更好地拉近师生距离，激发学生的参与积极性，帮助学生掌握更多有趣、实用的沟通技巧。

师：亲爱的同学们，知者行之始，行者知之成。爱要大声说出来，择日不如撞日，今天就是我们班的专属“花式表白日”，宣传委员已经为大家精心制作了原创表白图，请大家尽情使用，花式表白爸爸妈妈吧!

【设计意图】鼓励学生主动在一些公开场合或平台向父母表白，做到知行统一。走心的班会课，不但要让学生感受爱，理解爱，更要让他们表达爱，花式告白就是我们迈出的第一步。爱可以修复亲子关系中已有的一些裂痕。其实亲子沟通的那扇门，一直是开着的，本着爱与尊重的原则，好好跟爸爸妈妈说话吧。

（分享歌曲《我想更懂你》部分歌词，略）

师：亲爱的同学们，家长朋友们，知易行难，希望以后我们可以一起更好地去为爱赋能——爱意无限，理解万岁，耐心倾听和巧妙表达。一节班会课的力量始终是有限的，何况沟通是一辈子的事儿，愿我们都能做生活的有心人，多换位思考。

[课后延伸]

适时开展一些亲子活动，如策划父亲节或母亲节的书信传情活动，中秋节或春节拍摄全家福，组织寒暑假家庭出游的短视频展等活动。

[反思与总结]

1. 真正有意义的班会课，尤其是有关亲子沟通的，只有动心动情才能入心入情。所有的技巧和理论知识都应是服务于情感需要的工具，家人之间情大于理。所以在准备环节，需要提前动员家长积极参与进来，也需要班主任平时留意学生的生活，收集、整理好各类素材。另外，素材的分类、挑选可以根据班级需要来安排，最好能兼具典型性和代表性。

2. 表达需要勇气，回应也很重要，要特别注意给予第一个分享者正向的回应和鼓励，这样才能更好地带动课堂气氛。

3. 班会过程中班主任的角色定位很重要，除了扮演引导者，更重要的是扮演参与者和学习者，“长大后我就成了你”，所以班主任的共情能力很重要，只有快速拉近师生距离，才能更好地帮助大家敞开心扉，主动表达。

4. 知易行难，沟通是一辈子的事儿，所以后续的追踪也很重要。

5. 每个孩子的成长环境不同，幸福和痛苦都来自比较。聆听同学的故事，感受身边的真情，对缺少关爱的孩子来说是一种间接伤害。所以要注意那些在分享和倾听过程中情绪低落或表现异常的孩子，课后要单独谈心开导。

》广东省佛山市南海外国语学校　卢灿

3. 懂得倾听，是学会沟通的第一步
——倾听与换位思考主题班会

[班会背景]

八年级学生正处于情绪、情感的敏感期，时常因为不会沟通被人误解。初中阶段，同伴是学生的重要他人，人际关系不和谐让他们感到非常困惑和苦恼。学会倾听，学会沟通，掌握化解人际矛盾的方法，能让学生在与同学相处时更加自在，更有利于建立和谐的人际关系。

[班会目标]

1. 知识与认知目标：了解倾听的内涵，认识倾听是学会沟通的第一步，了解倾听在建立和谐人际关系中的重要作用。

2. 方法与能力目标：通过团体活动，帮助学生理解倾听的重要性，并让学生在体验中掌握沟通的有效方法——倾听，学会换位思考，从而提高人际交往能力。

3. 情感与态度目标：感受、体验倾听的重要性，克服以自我为中心的心态和行为方式，学会沟通，认识自我，营造和谐的人际关系。

[课前准备]

1. 请美术老师画出适合本班学生和本节班会课需求的两幅有几何图形的相似样图。

2. 把全班学生分成若干小组。

3. 按学生数量准备学案（包括“你说我画”游戏要用的画图纸）。

[班会过程]

一、激发学生参与的兴趣

以游戏导入，让学生了解游戏规则。

师：同学们，我们今天玩一个“你说我画”的游戏。

学生一听玩游戏，来了兴致，七嘴八舌地回应。

师：请同学们听到指令后，在学案上按指令画画。

经过观察，选出学生 A 担任发布指令者，其余同学为倾听者。生 A 背向倾听者，看图 1（可根据需求修改）下达画图指令，倾听者边听边画，但不许和生 A 有任何交流，作图只要和图 1 的位置差不多就算画对。

生 A：图 1 是由一些几何图形组合而成的。请大家先画一个等腰三角形，再在这个三角形下面画一个长方形。在这两个组合图形的左边画一个梯形。梯形的上底与长方形上面的长边位于同一条水平线上。梯形的下面画一个直角三角形。直角三角形的垂直短边和梯形的下底重合。梯形的上面再画一个相接的圆形。最后，用斜线连接三角形最下面的底角和长方形的左上角。

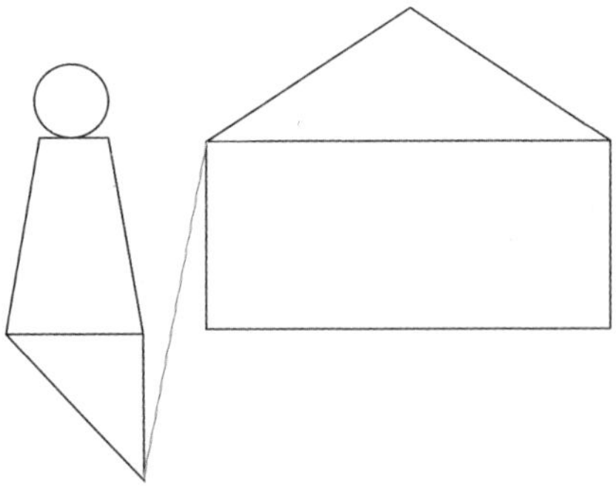

图 1

结果全班只有三个同学画对，其余都有不同程度的错误。

师：祝贺这三位画对的顶级画师，其余同学都是灵魂画手啊！（生大笑，均表示不服气，要求再来一次）

师：请 A 同学先看图 2（可根据需要修改），再面向倾听者传达画图指令，允许倾听者提出各种问题。

生 1：图 2 同样是由一些几何图形组合而成的吗？

生 2：和刚才的图一样吗？

生 A：不完全一样。请大家先画一个直角三角形，再在这个直角三角形下面画一个相接的梯形，梯形下面再画一个相接的圆形。

生 3：三角形的哪条边和梯形相接啊？

生 4：三角形的顶角是直角吗？

生 A：三角形的顶角是直角，与梯形上底相接的是三角形最长的边。

生：噢，原来是这样！

生 5：这个梯形是等腰梯形吗？

生 6：圆形在梯形的什么位置？

生 A：是等腰梯形。圆形与梯形的下底相连，处于梯形的中间位置。请同学们同样在这两个组合图形的左边画一个三角形，三角形下面画一个长方形，三角形的下底与长方形的长边重合。最后，用一根斜线连接两个图形。

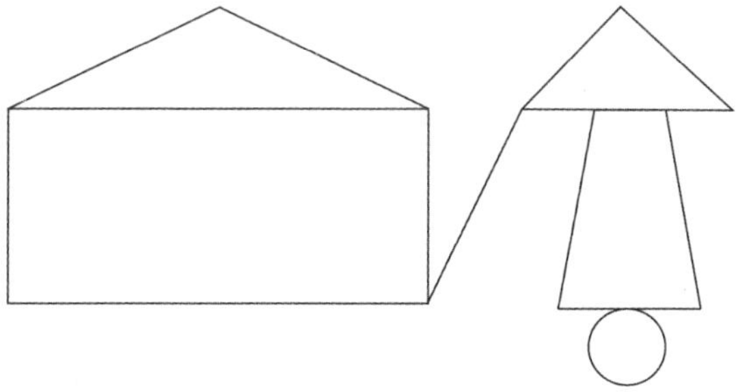

图 2

生：左右两边的图形相隔多远？两个几何图形分别有多高？斜线分别

连着两个图形的哪个地方啊？斜线是随意连接就可以吗？……

生 A：左右两个三角形一样高，梯形和长方形的高度一样，用斜线连接左边长方形的右下角和右边三角形的左边锐角。

在第二轮“你说我画”活动中，同学们更加认真倾听指令，并参与提问，对生 A 的回答也仔细地捕捉信息点，画对的学生人数大幅增加，达到了三分之二以上。

师：请小组通过头脑风暴讨论三个问题：为什么两次画的结果会出现如此大的差异？为什么第一次画对如此困难？为什么第二次认真倾听并积极参与后，画对的人数大幅增加呢？

教师引出今天的主题，在人际交往中，倾听是如此重要，要想达到良好的沟通效果，必须学会倾听。

【设计意图】采用心理小游戏的方式导入，有效调动学生的兴趣，让学生积极参与班会课堂。学生积极参与体验式活动，在趣味活动中感知倾听的重要性。整个活动的设计符合学生心理发展规律。

二、认识倾听的重要性

课前让本班学生拍摄两段关于倾听的情景剧，一段情景剧控制在 2 分钟以内。情景剧剧本如下：

情景剧 1

本班的两位同学要参加英语演讲比赛，比赛的最后一关是即兴回答问题。

小黄和小李两位同学表达能力不相上下，差别是小黄的倾听习惯好，小李的倾听习惯不好，总是爱插嘴，没有耐心。两位同学赛前都认真准备了演讲稿。正式比赛那天，小黄和小李面向评委，落落大方地在台上演讲。最后一关即兴回答问题时，小黄认真倾听出题老师发出的指令和题目要求，顺利通过了最后一关并获得入围全国决赛的资格。轮到小李上台，小李看小黄那么轻松地完成了演讲，于是，他也自信满满地上台。老师刚讲完题目，他便开始抢答。因为没有认真倾听题目要求，不等老师发出开始答题的指令就答题，因此犯规，导致扣除三分之一的答题时间。同时，漏听了题目的一个关键条件，少回答了一部分。因为倾听习惯不好，小李遗憾地错失了晋级演讲比赛的机会。

情景剧 2

小江中午放学留下来在教室里出黑板报。黑板报快出完时，她开始打扫弄脏的教室地面并顺势捡起小翁同学掉在地上的钢笔。这时，正好小翁同学回教室拿东西，看到小江拿着自己的钢笔，快速地走到小江的面前。

小翁：小江，你在干什么？为什么乱动我的东西？这支钢笔是我妈妈送给我的生日礼物，很珍贵的。

小江：我没有乱动你的东西。你的钢笔刚才掉在地上，我……（还没解释完，小翁就打断了她的话。）

小翁：你大中午不回宿舍休息，在这里扫什么地？还乱动我的东西。（拿起自己的钢笔，发现笔帽上面有一条裂缝。顿时，她非常生气。）

小翁：（大声叫道）你不但乱动我的笔，还把我的笔弄坏了。你太过分了！

小江：（也非常生气）好心当成驴肝肺，才不是我！我今天来教室扫地是因为……

（小江正准备把来龙去脉说清楚，小翁就打断她，并没有耐心听她讲完，生气地要她赔钢笔。两个人越闹越僵。）

师：看完这两段情景剧，请同学们思考：如果这些冲突事件发生在你的身上，你会怎么应对呢？（生答略）

师：请同学们小组讨论以上两段剧情，换位思考，并提出解决办法，帮助剧中的学生解除烦恼。

学生热火朝天地讨论，各抒己见。教师选出其中两个小组代表呈现观点和解决办法。

教师小结：懂得倾听，会让自己受益匪浅，正如情景剧 1 中的小黄，顺利过关。不好的倾听习惯，会让自己陷入被动的局面，就像情景剧 1 中的小李。看完情景剧 2，我们知道倾听是良好沟通的第一步。因此，学会倾听是如此重要。同学们在日常沟通中，难免会出现各种各样的冲突和分歧，怎样才能做到有效倾听呢？学会倾听，可以从这三个要素出发：情绪、事实和期待。

情绪是我们内心感受的外在表现。

我们在倾听的时候，首先要关注说话人的情绪。如果对方是在宣泄情绪，比如，对方在陈述时使用了类似于“总是、每次、永远”等词，那么这时，我们不要跟对方辩解事实真相，而是要先响应，接纳并安抚对方的情绪。等对方的情绪平复了，再进入下一步，否则无法实现有效沟通。

事实是指事情的真实情形，不受主观判断影响。

我们在倾听的时候，需要判断对方陈述事情的真假。在倾听的过程中要特别注意六个要素：人物、时间、地点、事情的起因、经过和结果，并且耐心细致地弄清楚事情的来龙去脉。

期待通常指对未知事物产生一种憧憬、向往或找出对方内心真正想要获得的东西。

我们通过认真倾听并判断对方平复情绪后陈述的事实，可以推断出对方希望达到什么样的目的，进而我们可以做出得体的行为。

因此，学会倾听要先关注情绪，再关注事实，最后做出预判。

师：同学们学会了吗？

学生若有所思地点点头。

【设计意图】根据梅耶的多媒体学习认知理论，播放由本班学生自己编排的校园情景剧的视频，可以让学生从心理代入并直观地感知认真倾听在沟通中的重要性。

学生看完视频后，教师通过问题式教学法，启发学生深入思考倾听的重要性，这就为接下来的环节做好铺垫。教师让学生通过先看情景剧，再小组讨论和提问引导学生感受倾听的重要性。

三、感受倾听的魅力

师：接下来，就是见证倾听魅力的时刻啦！请同学们以小组为单位挑选其中一个场景，先认真倾听，再改写它的结局，还要上台表演出来。

学生开始小组活动，准备改写、续演情景剧的结局。续演结局主要有以下几种。第一种：小李改变了倾听习惯，顺利通过比赛。第二种：小江先耐心安抚小翁的情绪，不急于说出真相，等小翁的情绪平复后，再好好沟通。第三种：小翁耐心倾听小江解释，不鲁莽下结论，不把局面弄僵，好好沟通，合理地化解误会和矛盾。

师：看到这样的结局，你有什么感觉？你喜欢改编后的结局吗？为什么？

教师分别邀请了之前还没来得及上台续演的小组成员回答问题，大家都不约而同地说喜欢续演的结局，从心底认可倾听的重要性，并在其他同学续演时，运用了课堂中所学的倾听技巧。

教师总结：懂得倾听是学会沟通的第一步。和谐的人际关系少不了良好的倾听习惯。良好的倾听习惯可以让人如沐春风，同时，让我们自己受益良多。

【设计意图】续演情景剧，可以让学生重新认识事件并生成新的思考和感悟，提高处理事情的能力，最终达到行为内生的目的。续演情景剧可以让参演的学生和观看的学生都获得成长。教师通过体验式教学，让学生参与情景剧续演排练，并在续演的过程中换位思考，体会养成良好倾听习惯的益处。这体现了古德曼懂得倾听的心理效应，在与人交流的过程中，要同时扮演好说话者和倾听者的角色，这样才能让沟通有效、顺畅进行。同时，懂得倾听又会拉近沟通双方的心理距离，亲切感和熟识感油然而生，能够更快地建立起和谐友好的关系。这也体现了心理学中的互惠原理，从而进一步强化倾听的重要性。

[课后延伸]

全班学生收集关于懂得倾听的名人名言，同时，班级张贴心形倾听赋能卡，在平时的生活和学习中，请班委把同学们的倾听好习惯记录下来。

【设计意图】运用班会延伸教育活动，帮助学生进一步认识到懂得倾听是良好沟通的第一步，更是构建和谐人际关系的重要部分。同时，在日常生活学习中，教育学生学会倾听，真正养成良好的倾听习惯。

[反思与总结]

本节班会课运用了体验式学习方法，引导学生了解倾听的内涵，认识到倾听是学会沟通的第一步，感受倾听在建立和谐人际关系中的重要作用，并在体验中掌握沟通的有效方法——倾听。目的是帮助学生改变以自我为中心的认知和行为方式，学会运用沟通技巧，构建和谐的人际关系。

班会课选题贴合学生生活，容易引起共鸣。游戏导入环节，寓教于乐，学生容易产生兴趣。教师使用问题式教学法，播放情景剧，让学生带着问题思考，从而认识倾听的重要性。续演情景剧有效地发挥了学生的主体作用，让学生设身处地感受情景剧中的问题，并生成新的思考和感悟，提高处理事情的能力。课后延伸环节，能引导学生在日常生活和学习中实践倾听的方法。

本堂班会课要重点注意把控时间，在导入环节，要选择说话条理清晰、表达流畅的学生发出画图指令，以免耗费过多的时间。另外，在续演情景剧过程中，教师点评要随机应变，可根据续演的走向和学生表现，做出合理而有启发意义的点评。

» 广东省广州市实验外语学校　徐琴

学法篇

4. 驶入学习的快车道
——科学应对学习分化现象主题班会

[班会背景]

升入初二后，我们班原本学习成绩相差不大的学生逐渐出现明显的分化现象。有的学生拥有多个优势科目，学习成绩遥遥领先，并从中获得持续性的学习成就感和自我价值感，因此也保证了优异成绩的稳定性。但随着科目的增多以及学科难度的增大，有的学生开始感到吃力，难以理解老师的授课内容，落后的成绩也让他们丧失信心，严重缺乏学习动力。

面对学习分化现象，很多班主任倾向于将原因归结为学生学习态度不端正或学习不够努力。事实上学习分化往往是多因素叠加的结果，例如，智力、兴趣动机、方法习惯等内部原因，以及科目变化、家长或教师缺乏重视和引导不当等外部原因。

学习分化现象是普遍存在的，既然科目增多、难度增大这些客观因素我们无法改变，那么我们可以从主观因素着手突破。其中，激发学习兴趣和培养学习意志力便是科学应对学习分化现象的有效方法，它们可以帮助我们打造一条通往学业成功的快车道。

[班会目标]

1. 知识与认知目标：帮助学生认识学习分化现象普遍存在及其主要成因。

2. 方法与能力目标：指导学生科学应对学习分化现象，掌握激发学习兴趣和培养学习意志力的有效方法。

3. 情感与态度目标：缓解学习分化现象带来的焦虑感，体验有效应对学习分化现象的愉悦感，提升学习的自信心和成就感。

[课前准备]

1. 提前一天利用课余时间向学生介绍数独游戏及简单的入门方法，提供入门级的五道数独题目给学生练习。

2. 准备两道难度递增的数独题目并提前打印好，第一道的难度与入门级的五道练习题一致，第二道的难度远超入门级练习题。

3. 设计班会体验记录表。

[班会过程]

一、游戏活动导入——揭示分化现象的存在

师：进入初二后，数学科目在难度增大的同时也变得更加有趣了。昨天我们就尝试认识并且挑战了经典数学游戏——数独。今天我们再来一场限时挑战赛，看看谁才是数学界的“最强大脑”。大家首先尝试挑战第一道题目，限时三分钟。胜出的同学可以得到一份小奖品。

学生纷纷摩拳擦掌。随后分发第一道数独题目，由于该题与此前做的练习题的难度一致，经过之前的训练后，大部分学生能在限定的时间内完成，但也有小部分学生因为时间有限未能挑战成功。甚至有个别学习基础比较薄弱、对数学不太感兴趣的学生参与意愿不高。

师：看来我们班藏龙卧虎，有非常多的数学高手啊！请获胜的同学上台领取奖品。接下来是终极挑战，请大家在三分钟内完成第二道题目。胜出的同学可以得到一份终极大奖。

第一道题目闯关成功并获得奖品的学生跃跃欲试，信心十足；而第一

道题目未闯关成功的学生和一开始就积极性不高的学生则显得意兴阑珊，甚至有的已经放弃答题了。因为难度过大，最终仅有几名学生得出了正确答案。

师：请最终胜出的同学上台领取奖品。大家在刚才的游戏环节中可能有不同的体验。为了更好地帮助大家在本节班会课中得到思维的改变与成长，我专门为大家设计了一份班会体验记录表。请大家在记录表上写下你在刚刚结束的游戏环节中的内心体验及想法。

之所以选择让学生写下内心体验而不是直接发言，是因为学生在游戏环节中表现不一，特别是两道题目都没有解出来的学生，可能迫于同伴压力，未必愿意当众分享真实想法。而匿名书写的方式则有利于记录真实体验，为接下来的环节做铺垫。教师在走动过程中要留意四类典型学生：两道题目都答对的学生代表、仅答对一道题目的学生代表、两道题目均未答对的学生代表，以及参与积极性不高的学生代表。随后将学生的记录表收集起来，并挑选典型内心体验及想法进行分享。

两道题目都答对的学生代表 A：我本来就对数学很感兴趣，而这次的数独游戏恰好可以发挥我的优势及特长。随着题目难度的增大，我越来越兴奋，更想挑战自己。能答对两道题目我真的好开心！其实做数独游戏是有方法的。

仅答对一道题目的学生代表 B：真的好不甘心！第一道题目我答对了，但是第二道题目，由于答题时间太短，我没有找到好的解题思路，于是变得很紧张，一紧张就随便乱填，结果就错了。

两道题目均未答对的学生代表 C：连第一道题目都没答对，后面更加不想做了。

参与积极性不高的学生代表 D：数学真的是我的死穴，本来数学就不好，我对这类游戏完全不感兴趣。

师：大家发现了，在游戏过程中出现了明显的分化现象。对数学感兴趣、有数学学科优势、掌握了解题方法的同学越战越勇，而面对难题缺乏学习意志力或者对数学不感兴趣的同学在游戏中则容易表现不佳。其实在我们日常学习中也会出现相同的情况，随着初二学科增多，难度加大，学生的学习兴趣和基础有所不同，就会导致学习差异不断累积，从而出现学习分化现象。

【设计意图】数学学科是中考科目中对抽象思维能力要求较高的科目，结合数独游戏既可以调动学生参与的积极性，又可以揭示学习分化现象的存在，还可以通过分享活动体验引导学生认识造成学习分化现象的主要原因。

二、向网络游戏取经——学会激发学习兴趣

师：我们该如何激发学习兴趣呢？其实让人上瘾的网络游戏就是激发行为动机的成功案例。因为要让一个人对做某件事情感兴趣，就要让他拥有足够的能力和及时的触发机制，而网络游戏的设计在这两方面就做得特别出色。所以在与学习的比拼中，游戏总容易占据上风。接下来我们不妨通过快问快答的方式来一场学习和游戏的对抗赛。

师：请大家快速回答，以下两项任务中哪一项更能激发你的参与兴趣？ A. 背诵并翻译一篇英文稿件。B. 将相同颜色的方块叠在一起消掉就算你赢。

生：B。

师：A. 不等式 $7-2x>1$ 的正整数解是多少？ B. 开枪、狙击。

生：B。

师：A. 看完一本书并写 3000 字的读后感。B. 打开百宝箱。

生：B。

师：这些就是我们通常看到的学习和游戏，谁困难谁轻松不言而喻。如果某件事情更容易做到，那么人们参与的兴趣就会更高。可见在激发兴趣上，学习根本不是游戏的对手。

从触发机制来考量，游戏通常会先用广告语诱导你，例如，“试玩 30 秒，好玩忘不了”。一旦你开始玩某个游戏，接下来每一步都能得到明确

的指示和及时反馈。例如，（课件显示）吃掉蘑菇获得金币；坚持越久，分数越高；击杀游戏角色，赢取装备；抵达指定地点解锁下阶段任务。而学习在短期内却往往看不到任何反馈。

由此可见，与游戏相比，学习确实少了一些激发兴趣的先天优势。要想激发学习兴趣，我们也许可以从游戏中适当取经。比如，游戏能让人上瘾的最明显的两个特点，就是它不太需要过高的能力值，以及它拥有无处不在的触发机制。首先，日常的学习任务普遍需要较高的能力值，如果面对某项学习任务，你认为自己的能力值不够，可以怎么做呢？

生：可以适当地分化目标，降低预期。

师：对了，这完全可以提高行动的可能性。例如，背一篇文章对你来说太难，你可以试试先背一段；考 100 分对你来说太难，你可以试试先考 80 分。通过逐步完成小目标，获得学习成就感，其实成功才是成功之母。

其次，像游戏设计师一样，去设计你学习的触发器。例如，准备一个储蓄账户用于存放你的自我犒赏基金，买你最想买的东西，做你最想做的事情。成功背诵一篇文章，存一笔零花钱进去；读完 10 页书，存一笔零花钱进去。

请大家根据自己的实际情况，在班会体验记录表上写下你打算如何分化学习目标和设计你学习的专属触发器。

随后请学生代表上台分享。

【设计意图】福格行为模型表明，要让一个人对做某件事情感兴趣，就要让他拥有足够的能力和及时的触发机制。该环节引入学生感兴趣的网络游戏，引导学生思考网络游戏为何让人上瘾，进而借鉴游戏，学会通过分化学习目标和设计学习的专属触发器来激发自身的学习兴趣。

三、塑造成长型思维——培养学习意志力

师：如果说激发学习兴趣是使学习加速的驱动力，那么培养学习意志力则可以帮助我们克服求学道路上的阻力。面对学习困难和暂时性的落

后，有的同学会因为挫败而感到畏惧或选择放弃，这是缺乏学习意志力的表现。斯坦福大学教授的研究表明，假如我们能塑造成长型思维，那么我们面对困境时就会更加坚毅，有更强的学习意志力，也更容易获得成功。

那我们该如何改变思维呢？例如，对课前的数独游戏，在体验分享环节有两道题目均未答对的同学分享自己的想法："连第一道题目都没答对，后面更加不想做了。"那我们可以改变这种想法："虽然第一道题目没有答对，可能是我没有找到方法。难题没有方法多，这种方法解不出，换种方法就好了。"

接下来，请大家从成长的角度出发改变以下想法，填写在班会体验记录表上并进行分享（见表1）。

教师根据学生的分享进行分析、补充。

表1　班会体验记录表

调整前	调整后	改变
这道数独题我就是搞不懂。	这道数独题我忽略了什么吗？	将思维从"这道题对我来说太难了，完全没有办法理解"，换成"只要找到我遗漏的、忽略的细节，肯定能弄明白"。
这道数独题我做错了。	犯错能让我变得更好。	将思维从"这道题我答错了，我很难过"，换成"虽然这次答错了，但以后我就不会再犯相同的错误了"。
这道数独题太难了。	我可能需要更多的努力和时间才能完成。	将思维从"这道题太难了，我不可能做出来"，换成"只要付出足够的努力和时间，一切皆有可能"。
我不可能像他一样聪明，能做出两道数独题。	他是怎么做到的呢？我要学习他的经验。	将思维从"他比我聪明，我肯定比不上他"，换成"只要学习他的经验，然后迁移到我的身上，我也可以做到。我不比别人差"。
我不擅长解答数独题。	我正在努力学习中。	将思维从"我不会！我不擅长"，换成"我暂时不会，但没关系，只要我往这个方向努力，每天进步一点点，我就会越来越擅长的"。

【设计意图】结合学生在数独游戏中的体验分享，通过思维上的调整改变，引导学生认识到塑造成长型思维可以帮助他们理性看待学习上的困难与失败，从而强化学习意志力，摆脱学习困境。

［课后延伸］

本节班会课结束后，教师教授数独游戏的进阶解题方法，并给出第三道数独题。该题难度较班会课上的第二道数独题有所降低，目的是分化学习目标，降低难度，使学生具备足够的能力值。同时承诺获胜者可以获得定制的专属徽章。专属徽章的设计可以成为学生的触发机制。教师尽量帮助所有学生攻克难题，获得成功，让学生在游戏中体验自我突破，感受成功带来的愉悦感和成就感。

活动建议：

1. 建立学生学习共同体。将拥有不同学习特长的学生组建为互助小组，协作互补。让学生在优势科目上帮扶组内成员，输出的过程既能强化学习效果，又能获得自身的成就感；在弱势科目上也能获得同伴的帮助，充分发挥同龄人效应，缓解两极分化的现象。

2. 开展学法指导讲座。教授学生科学有效的学习方法，培养良好的学习习惯。

3. 搭建家校共育平台。通过家庭教育微课程、好书共读、案例研修等方式告诉家长如何正确帮助孩子度过学习分化期。

［反思与总结］

1. 本节课的课前准备环节尤其重要，必须给学生足够的时间提前熟悉数独游戏的基础规则，这样在游戏导入环节学生才能深刻体验到分化现象的存在。

2. 游戏导入环节中两道题目的难度要有差异性。

» 广东省佛山市南海区石门实验学校　戴鑫贻

自我篇

5. 当青春期来敲门
——悦纳青春期主题班会

[班会背景]

刚上初二的学生往往对青春期的了解和认识不足，与异性交往也很难把握好尺度。有的学生甚至因为青春期生理、心理变化适应不良而产生焦虑、自卑等负面情绪。青春期本该是人生美好的成长阶段，教师需要把正确的价值观传递给学生，让学生懂得爱自己、爱别人。因此在这节班会课上，教师通过各种活动激发学生的求知欲，从而引导学生正确面对青春期的变化和困惑，健康地度过青春期。

[班会目标]

1. 知识与认知目标：了解青春期生理和心理变化的基本特点，并学会悦纳自我。

2. 方法与能力目标：学会理性应对青春期变化，掌握青春期人际交往的合理方法。

3. 情感与态度目标：引导学生建立正确的异性交往观，并能通过“异性效应”完善和提升自我，成为阳光、向上的青少年。

[课前准备]

1. 班上某位学生提供的照片。

2. 活动时的背景音乐。

3. 准备反映青春期生理变化的视频。

［班会过程］

一、猜猜我是谁

（播放班上一名学生不同成长阶段的照片）

师：同学们，你们能猜到这是哪位同学吗？事实上这三张照片分别代表着婴儿期、儿童期以及青春期。而青春期则是指人类由儿童阶段向成人阶段转变的人生关键时期。通常是10岁至19周岁。在这一时期，人的生理和心理状态都会出现明显的改变。例如，在生理上呈现以下特点：身高、体重迅速增加，肺活量、脑容量增大；性器官迅速发育，第二性征出现（见表1，播放相关视频）。

表1　青春期生理变化

年龄	女生	男生
8—9	身高增长	身高增长
10—11	乳房开始发育，出现阴毛	身高突增开始，阴茎、睾丸开始增大
12	乳房继续增大	出现喉结
13	月经初潮出现，出现腋毛	出现阴毛，阴茎、睾丸继续增大
14	乳房显著增大	变声，出现腋毛
15	脂肪积累增多，臂部变圆	首次遗精，出现胡须
16	月经规律	阴茎、睾丸已达成人大小
17—18	骨骼愈合，生长基本停止	体毛接近成人水平
＞19		骨骼愈合，生长基本停止

例如，在心理上呈现以下特点：

①面对青春期的到来，因为身体上的变化而感到困惑。

②与异性同学交往由疏远到吸引，有强烈的性意识。

③自己的行为越来越受同学或朋友的影响，受父母的影响越来越少（逆反心理）。

④独立性增强，自己的事希望自己做决定。

⑤情绪和情感丰富而强烈，但不稳定，易冲动，对行为后果考虑不周。

⑥对容貌及身材格外重视。

师：面对青春期变化，我们需要学会接纳和欣赏自己。不因自身的生理改变而自卑，是我们对自身价值的认可；不嘲笑伙伴的生理变化，是我们对伙伴最大的敬意。在注重形体、仪表等外在美的同时，自身更应增强道德与人文涵养，彰显自己的内在美。

【设计意图】帮助学生科学、全面地了解自己身上的青春期特征，认识到身体发育的普遍规律，学会接纳、欣赏自己和同伴，注重内外兼修。

二、爱的变奏曲

课前把学生分为六大组，分别围成圆圈坐好。当老师说“大雨”时，学生就双手拍桌子和跺脚；当老师说“小雨”时，学生就双手轮拍大腿。

待学生训练几次后，反过来再做两次，就会发现学生出错率提高。这时老师可以引导学生思考犯错的原因。

师：为什么容易出错啊？尤其当要求做相反动作的时候，大家觉得很混乱，无所适从，是吧？虽然知道该怎么做，但是行动总是跟不上思维。其实我们进入青春期后，也会遇到很多困惑。很多道理我们都懂，但是行为总是仿佛不受我们控制似的，尤其是面对异性的好感时，我们更难把握分寸。

【设计意图】通过热身游戏，让学生体验到如果行为跟不上思维，会容易出错，引导学生认识到提升青春期自控力的重要性。

三、青春期的困惑

课件展示故事内容：

小坤是一个很内向的初二男生，从第二学期开始对班里刚转来的女生产生了懵懂的情愫。每天他都心不在焉，眼神不受控制地追逐她的身影。不管她在班级的哪个角落，他都能感觉到她的存在。在他心目中，那姑娘便是女神，为此，他经常有意无意地单独和她一起讨论功课，讨论完了就一起回家。在回家的路上，他们有说有笑。渐渐地，他们发现自己对对方产生了好感。他们很矛盾，不知道是否可以进一步发展。

师：小坤该不该向这名女生表白？（生答略）

师：同学们，刚才有的同学在下面小声说这是早恋，其实我们平时说的青春期男女交往过密，也叫青春期恋爱，是指少男少女在进入青春期后对特定异性产生爱慕的感情，并以恋爱的方式进行交往的现象。就像故事里的他们都对对方产生了爱慕之情，如果再进一步发展，以恋爱的方式进行交往，那就是青春期恋爱了。同学们，这个故事熟悉吗？你经历过吗？曾经带给你困扰了吗？我们应该如何选择？请各位同学展开讨论。

生 1：和异性交往是正常的事情，这是人的本能，所以不应该去限制，而是应该稍微宽容一点儿。

生 2：青春期恋爱可以使一个人变得更有责任心，变得更成熟，还能让生活变得更有情趣。

生 3：我认为青春期恋爱很容易让人遭受创伤，情感上易产生矛盾。

生 4：因过早恋爱而忘了学业是不好的。

师：青少年时期对异性产生爱慕心理，是人性心理趋向成熟的必经阶段，但如何处理将体现你们的素质和担当精神。

【设计意图】通过展示故事内容、交流讨论等，使学生认识到青春期不宜谈恋爱。

四、头脑风暴

让学生讨论两个问题。

第一，在与异性同学交往的过程中有哪些表现属于交往过密？

预设答案：不注意把握交往的尺度，过度亲密，在无人场合单独相处。

第二，怎样才能预防交往过密的行为？请提出具体的方法。

预设答案：内心坦荡，言谈得当，举止得体，慎重对待，理智处理异性情感，掌握分寸，注意交往的方式和场合。

师：生命对我们每个人而言都非常重要，初中的黄金时期尤其要珍惜。这段岁月就犹如明媚的春天，假如你沉迷于想象中，把未成熟的青苹果过早地摘下来欣赏，将来就可能会留下悲伤。有的学生轻易就将生理上的一时冲动当成情感来把握。大家应抓住现在的机会好好学习，为祖国和自己的发展竭尽全力！

【设计意图】通过讨论调动学生的参与积极性，让学生明白在青春期异性交往中应把握好尺度。

[课后延伸]

班会课结束的第二天，我在学生中做了问卷调查，所有学生都觉得这节班会课具有重要意义，消除了他们成长道路中的雾霾。为了巩固教育效果，在接下来的一周，我给学生准备了一个留言箱。这有助于学生克服羞怯心理，利用留言箱与同学、老师共同探讨心中的困惑。

[反思与总结]

青春期既是一个人身体发育、增长知识的黄金时期，又是一个充满幻想、塑造美好人格的关键时期。教师需要引导学生正确认识自己，悦纳自己，珍惜青春，热爱生命。本节课通过让学生了解青春期的生理和心理变化，引导他们正确看待异性交往的问题，树立正确的价值观。

本节课的优点是以小组合作的形式，让学生通过合作探究的方式，自主思考，发现问题，解决问题，把学生作为课堂的主体，教师扮演好引导者的角色，做放风筝的人。“猜猜我是谁”环节，因为都是自己同学的照片，所以学生的参与热情很高，还有眼尖的男生在展示童年时期的照片时就猜出来了。看关于青春期生理变化的视频时，许多学生不好意思或欲言又止，需要教师引导。在讨论“如何看待青春期生理变化”时，学生想不到内在美的层次，需要教师点拨与引导。

关于怎样预防异性交往过密，教学设计还可以更详细、更具体。

» 广东省化州市第四中学　颜天丽

6. 抱抱情绪小怪兽
——情绪调控主题班会

[班会背景]

初二学生正处于情绪多变的青春期，他们的身体和心理都发生了很大变化。我发现，班上有些学生情绪不太稳定，有时突然爆发，有时沉默寡言。当学习和生活上不如意时，他们会表现出各种各样的消极情绪，但常常不会采取适当的方式进行自我调整。

面对这样的问题，很多班主任常常束手无策。模式化的班会课很难走进学生的内心，甚至容易引发学生反感，最终难以实现预期效果。

实际上，通过一系列班会活动，教师可以引导学生认识情绪，学会调控情绪。教师在设计游戏时，应潜移默化地将具体的转移注意法、认知调节法等方法介绍给学生，并联系学生的实际生活，帮助他们找到适合自己的情绪调节方式，体验自主调节情绪的快乐。

[班会目标]

1. 知识与认知目标：帮助学生了解情绪，认识到情绪调控的重要性和必要性。

2. 方法与能力目标：通过打怪兽闯关升级的形式，引导学生学会自我总结并掌握调节情绪的方法，运用适合自己的方法来调节和管理自己的情绪。

3. 情感与态度目标：让学生感受消极情绪带来的负面影响，从而发自内心地认可自己需要好好调控情绪，体验自主调控情绪的愉悦感。

［课前准备］

1. 准备好给每个学生的礼物盲盒（里面可以是学生喜闻乐见的小奖品，也可以是写有鼓励或肯定语句的小纸条），并在课前分发给每个学生。

2. 组建小组，制定打怪兽积分规则，提前制作奖状和准备奖品。

3. 准备心形小卡片，分发给学生，以便制作情绪盲盒。

［班会过程］

一、拆一拆你的专属盲盒

师：今天为师给每位同学都准备了一份礼物盲盒，里面会是你想要的礼物吗？

（学生无比激动，跃跃欲试）

师：现在赶紧来开启你的专属礼物盲盒吧，体验一把开盲盒的刺激感。

观察学生拆盲盒时的面部表情及状态，挑选感到开心或愉悦的学生，以及感到失望或伤心的学生分享他们开盲盒时的心情。学生会说出“快乐”“开心”“激动”或“失望”“不开心”“伤心”等真实感受。教师则顺势引出“情绪”这一关键词，并就此在班级调查拆盲盒时感到开心、愉悦、失望、伤心，甚至是感到生气的分别有多少人，让学生明白每个人都有情绪，这是一件非常正常的事情，而后引导学生总结出情绪的基本类型：喜、怒、哀、乐。

【设计意图】通过开启专属礼物盲盒的小游戏抓住学生的好奇心，提高学生参与的积极性和主动性。通过真实的体验活动及现场调查让学生感悟并认识情绪及其基本类型。

二、会一会情绪小怪兽

师：每个人都有情绪，下面我们一起来看两个视频，直观感受一下情绪小怪兽对我们生活的影响。

视频①：《119请回答》消防纪录片中父子互泼白酒导致一死一伤的惨剧。

视频②：病人依靠积极情绪战胜癌症的案例。

随机采访几位学生，请他们谈谈感受，教师在学生发言的基础上进行总结。

师：我们身边有很多这样的例子可以证明不同的情绪会引发不同的结果。接下来我们一起来看看两个关于情绪的科学实验。

实验①：学者阿维森纳的情绪实验。

实验②：心理学教授谢尔顿·科恩的情绪与免疫的关系实验。

师：这两位学者用心理实验的方式从科学的角度证明了积极情绪对我们的身体健康、创新创造能力及学习能力有正面影响。反之，消极情绪则对我们有负面影响。

【设计意图】通过心理实验及生活中的真实案例，帮助学生认识情绪，体悟消极情绪带来的危害和后果，自然而然地得出要学会调节并管理好自身情绪的结论。

三、抱一抱情绪小怪兽

师：情绪真是只小怪兽呀！若我们与它没有相处好就会引发不良后果，因此，咱们有必要了解一些安抚情绪小怪兽的方法。下面咱们将以打怪兽闯关升级的形式来了解一些安抚情绪小怪兽、与之和谐相处的方法。

【设计意图】采用打怪兽闯关升级的形式，一方面点题，突出主旨；另一方面，吸引学生的注意力，激发学生的参与热情。

1. 转移注意法

课件显示：研究表明，暴风雨般的愤怒，持续时间往往不超过 12 秒，爆发时摧毁一切，但过后却风平浪静。

第一关：这一研究结果给了我们什么启示？如何安抚我们的情绪小怪兽，平静度过这 12 秒？

讲出一个有效方法的小组过关，没有讲出的小组则失败。过关的小组积 5 分，失败的小组不积分。

师：恭喜过关的小组！现在咱们一起来总结一下，既然愤怒持续时间往往不超过 12 秒，我们就要想办法让自己尽可能平静地度过这 12 秒。因此，当我们感觉情绪要爆发时，应该尽快远离让我们愤怒、生气的人或地方，将我们的注意力转移到新的环境或新的事物上。心理学上将这种方法称为“转移注意法”。

【设计意图】借助心理学的相关研究结果，激发学生自主思考。

2. 认知调节法

课件显示：高某在北京市朝阳区某小区楼房东南侧路边下车，在其后驾车的姚某摁喇叭催促，高某心生不满，跑到姚某所驾驶车辆的副驾驶车门处与姚某隔空对骂，后姚某下车并走到高某面前推了高某一下，最终二人发展为互殴。在互殴的过程中，高某用拳头击打姚某的左眼眶等处，致姚某“左眼眶内壁、下壁骨折，致眼球内陷 2.0mm 以上”，经鉴定为轻伤一级。姚某用拳头击打高某面部等处，致高某“面部皮肤挫伤”，经鉴定为轻微伤。随后，二人被群众拉开，高某报警后被民警带回了派出所，姚某则因身体不适前往医院就诊。

第二关：如果你在下车时，后面车辆的驾驶员一直按喇叭催促，你有什么想法？又会怎么做？

首先小组内部充分讨论，而后是小组闯关时间，抓住机会说出自己的真实想法即过关，否则失败。过关的小组积 5 分，失败的小组不积分。

第三关：描述刚刚发言同学的情绪及行为特征，预判行为的结果，并就此分析抱一抱情绪小怪兽的第二种方法。想法合理则视为闯关成功，过关的小组积 5 分，失败的小组不积分。

师：有些小组真是说到点子上了！当我们对同一事件的看法不一样的时候，会有不一样的情绪及行为结果。所以不是客观事件引发行为结果，而是我们对客观事件的看法引发行为结果，而我们对事件的看法是可以调节，可以改变的。心理学上将这种调节方法称为“认知调节法”。

课件显示：美国心理学家埃利斯提出的情绪 ABC 理论认为，一个人的情绪以及由情绪引发的结果主要是由自己的认知和想法决定的（见图 1）。如果一个人的思想、观念和评价改变了，那么他的情绪和行为也会不一样。

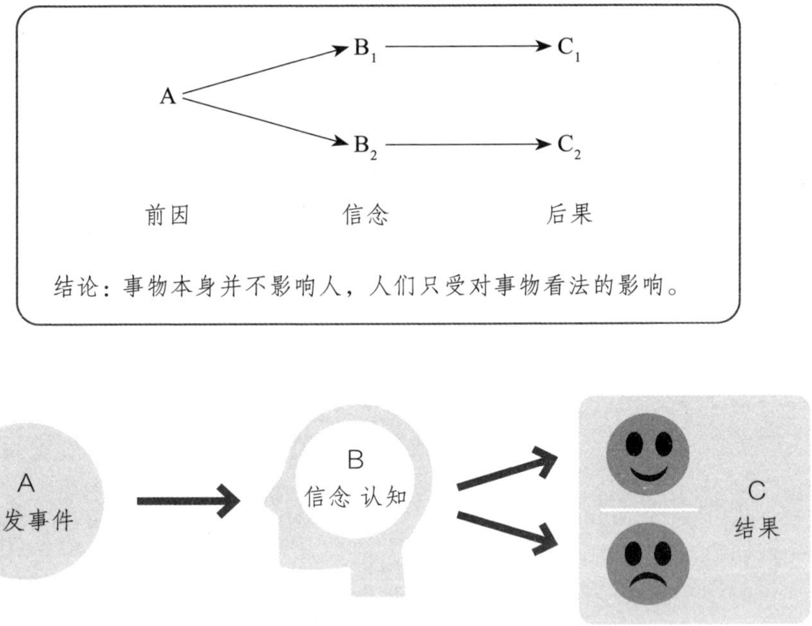

图 1　情绪 ABC 理论

积极解释：人们可以换个角度看待同一件事情，让结果更加积极。

【设计意图】通过呈现真实案例，引导学生代入情境，陈述自己的真实想法与情绪行为，然后得出结论：对同一事件，人们的不同想法会产生不同的情绪，从而引发不同的结果。引导学生自主生成调控情绪的第二种方法，并用情绪 ABC 理论加以佐证，强化学生的成就感。

四、与情绪小怪兽和谐相处

师：现在咱们就来检验一下大家与情绪小怪兽共处的能力。

课件显示：

情景 1

语文课上，老师突然说："现在请大家收拾好桌面，咱们进行第二单元自主评价。"你感到非常烦躁、生气。

情景 2

放学回到家，你发现妈妈打扫卫生时不小心打碎了你心爱的心愿瓶，你怒火中烧。

第四关：选择其中一个情景，说说你会如何调控自己的情绪。

想法合理则视为闯关成功，过关的小组积 5 分，失败的小组不积分。

师：大家过关斩将，现在已经能够将情绪小怪兽管理得服服帖帖的，老师真为你们感到自豪！请学习委员公布打怪兽闯关升级的战果，咱们来颁发证书与奖品。

【设计意图】通过情景演练帮助学生将情绪调控落实到具体实践中，并且以颁发证书与奖品的形式让学生体验到自主调控情绪的愉悦感。

师：情绪这只小怪兽无处不在，但是任由它跳来跳去也不行。研究表明，积极情绪和消极情绪的比例大致在 3 比 1 的时候最有利于我们的身心发展，这被心理学家称为"洛萨达比例"。大家把今天学到的知识用起来，与情绪小怪兽和谐相处。现在给每个人发一张心形小卡片，从今天起，大家一起来制作自己的情绪盲盒。每天用小卡片记录一件值得你开心、愉悦的事情（至少一件），再记录一个你成功调控情绪的案例，记录好后将卡片放入刚刚大家开的盲盒里。

【设计意图】课堂上所学的知识最终要能够指导实践，通过制作自己的情绪盲盒活动让学生在日常生活中有意识地运用合适的方法调控自己的情绪。此外，运用心理学的强化理论，帮助学生培养积极情绪，能促进学生积极行为的发生。

师：生活就像开盲盒，我们永远都不知道会在生活中碰到什么事情，但是我们可以选择如何看待事物，不同的想法或者不同的信念会给我们带来不同的情绪，从而引发不同的行为结果。愿大家都能通过自己的努力与情绪小怪兽和谐相处，使情绪的积极影响最大化。

[课后延伸]

以一个星期为周期，每周举办一次盲盒漂流活动，快乐的事情和成功的事情是要分享的。学生收到盲盒后，要认真阅读盲盒里小卡片上的内容，感受盲盒主人的愉悦与成功，并对主人进行花式点赞。

[反思与总结]

1. 礼物盲盒要依照学生的实际情况来准备，这样才能确保学生的情绪自然流露。

2. 课后延伸环节务必落到实处，每周至少花 15 分钟进行盲盒漂流，以强化学生的体验与感受，帮助学生培养积极情绪。

» 广东省中山市牛角初级中学　罗小艳

» 广东省中山市阜沙中学　刘凌宇

价值观篇

7. 爱的跷跷板
——感恩父母主题班会

[班会背景]

我国社会经济不断发展，人民生活水平日益提高，这一社会环境极大地改变了初中生的家庭生活状态。初中生身心发展不平衡，在自我意识增强的同时，认知辨别能力有待提高。部分学生家庭生活条件优渥，但由于社会经验不足，他们难以感知父母的辛勤付出。与此同时，随着社会竞争压力日益加大，有的家长以为无条件满足孩子的愿望和要求就是对孩子的关爱，他们不恰当的家庭教育理念也造成了孩子缺乏感恩意识。本节班会课旨在通过一系列心理小游戏，帮助孩子深刻了解父母，引导孩子学会换位思考，理解在每一个平凡的日子里，该如何感恩父母，常怀感恩之心。

[班会目标]

1. 知识与认知目标：让学生理解父母的伟大，从而懂得为什么要去感恩父母。

2. 方法与能力目标：通过心理小游戏和调查问卷，让学生学会如何去体谅父母，并用自己的实际行动去报答父母。

3. 情感与态度目标：让学生懂得感恩身边的人和事的重要性，时刻怀有一颗感恩之心。

［课前准备］

1. 把全班同学分为 6 人一组，便于同学沟通与讨论。

2. 准备好白色小卡片，便于学生写想对父母说的话。

3. 准备视频《假如有这样一份工作》，歌曲《萱草花》的音频。

4. 请孩子和家长分别填写调查问卷。

5. 请两位家长给孩子写信，并录制音频。

［班会过程］

一、吐槽父母

师：父母是我们最亲近的人，可能也是大家最容易抱怨的人。想想在生活中，我们曾对父母抱怨过什么呢？

生 1：有的同学每个月的零花钱有 200 元，我妈却只给我 50 元，我觉得太少了。

生 2：每次在家打游戏的时候，爸爸总是在我耳边说“快去写作业”，我觉得好烦啊！

生 3：我妈每次都要我把头发剪很短，我觉得很难看。

生 4：我妈总不给我买我喜欢的衣服，只让我穿校服。

…………

师：一吐槽父母，大家就真是有说不完的话。大家想一想，父母这样做是为了让我们出丑吗？在生活中当别人满足了我们的请求时，我们会回报；但当别人不能满足我们的请求或请求被拒绝时，我们同样要感激别人的坦诚。今天，老师就要带大家坐一下爱的跷跷板，去重新感受爱的力量。

【设计意图】让学生思考感激别人时，其实更多的是帮助自己。心怀感恩之心才能走得更远。

二、寻找跷跷板

1. 感受亲情，明确自己的责任

出示课前调查问卷的结果（见表 1、表 2）：

表 1　孩子对父母的日常了解情况（关系融洽程度）

我记得父母的生日	我帮父母做家务	业余时间与父母沟通	我会给父母准备礼物	我知道父母的身体情况
51.8%	37.6%	43.6%	21.8%	47.9%

表 2　父母对孩子的日常了解情况（关系融洽程度）

我会给孩子准备三餐	我会及时发现孩子的健康问题	我记得孩子的生日	我很喜欢跟孩子沟通	我每年都带孩子出去旅游
93.6%	97.8%	99.6%	98.4%	88.7%

师：老师在课前让大家做了调查问卷。现在将调查结果公布出来，请大家比较这两张表格，说一说你们发现了什么。

生 1：父母为我们做的和我们为他们做的是不对等的。

生 2：父母希望把最好的给自己的孩子。

生 3：父母给我们的爱常常被我们忽略。

【设计意图】心理学家冯特提出的心理对比原则，就是指心理内容中一些对立的成分有因对比而加强的趋势。很多时候学生把父母的爱当成理所当然。学生通过对比自己与父母的调查问卷结果，更直观地发现自己对父母的疏忽，明确了自己的责任。

师：同学们都是火眼金睛，一下子就看出问题所在了。其实父母每天要做的远不止我们看到的这些。在生活中，他们扮演了很多角色，接下来请看视频《假如有这样一份工作》。

（生观看，略）

2. 善于理解，明白父母的心

师：假如你有这份工作，你愿意一辈子不辞职吗？

生 1：不愿意。这个工作太累了，一天都在忙，没有自己的时间。

生 2：不愿意。人怎么可能做那么多事！这样的工作做一段时间还可以，做一辈子的话身体会吃不消的。

生 3：不愿意。这样我就没时间打游戏啦！（全班哄笑）

师：这样一份普普通通的工作，被很多人抱怨的工作，我们的母亲自从成为妈妈的那一刻起，就要一辈子坚守岗位，为了那个她十月怀胎生下来的宝宝。（全班一片安静）

师：所以，同学们，在你们的记忆中，肯定有这样的瞬间——它可能并不起眼，却牢牢藏在你心底，让你觉得父母真厉害。来，让我们把这样温暖而美好的瞬间写下来。

（学生回忆与父母相处的温暖瞬间，把想对父母说的话写在白色小卡片上）

师：下面，我们把时间交给大家，谁愿意跟我们分享你的超人爸妈？请举手。（请两三位学生发言）

【设计意图】在心理学理论中，情指的是情绪、情感。情绪和情感是由独特的主观体验、外部表现和生理唤醒等三种成分组成的。很多时候，学生知道父母很爱自己，但往往想不起来具体的细节，花几分钟时间让学生静静思考，让思绪随着笔尖在纸上划过，能留下父母与孩子最温暖的回忆。

3. 反求诸己，感恩父母大讨论

师：刚才同学们分享了自己和父母之间的温暖瞬间，不一样的故事却有一样的温暖和感动。你们有没有好好想想这背后的原因，父母这样不辞辛劳，究竟为了什么？接下来，我们不妨来看看这两位妈妈是怎么说的吧。我们通过信件来读懂妈妈。（播放音频）

师：通过以上两封信，你们看到了怎样的妈妈，有什么感受？

生：看到了着急和无奈的妈妈，言语中透露出对孩子无限的宠爱。

师：你们的妈妈是否也常常这样呢？这背后的原因是什么？

（小组讨论，把结果写在白纸上，然后请两个小组分享。）

师：你已习惯总是以自我为中心，因为一个小错误而否定之前妈妈对你所有的好，不能设身处地从她的角度考虑问题，这也是今天我们要寻找的跷跷板的支点——理解、包容、换位思考、适时表达……

【设计意图】心理学中的矛盾选择定律就是指每个人都不能同时挑选两种不同的行为准则或者价值观念，否则那个人的行为将陷入混乱。其实很多家庭出现亲子沟通障碍，很大一部分原因是孩子不能站在父母的角度去思考问题，不知道父母在养育子女的过程中出现的矛盾心理。通过倾听两位妈妈的心声，孩子体会到父母之爱的矛盾，知道学会尊重、换位思考、理解的重要性，这样也有助于他们之后的人际交往。

三、感受跷跷板

师：父母大概就是超越自己的局限去爱你的人。现在我们已经找到了跷跷板，也明确了它的支点，那就让我们也学着偷偷地投入一份爱，让跷跷板变得平衡，尽情感受爱的力量吧。

大家想一想：在日常生活中，我们该如何对父母表达爱呢？能为父母做哪些事呢？要让“感恩”这两个字不仅仅停留在口头上。开动你的脑筋，开始写吧（见表3）。

表3　子女能为父母做的事

序号	在日常生活中，子女能为父母做的事
①	
②	
③	
……	

生 1：今天回家我们可以帮爸妈洗洗脚，工作一天他们也很累了。

生 2：周末，我们可以为爸妈做顿早餐。

生 3：我们还可以给他们写贺卡，这样可以冲淡他们工作的苦。

…………

师：刚才当老师提出这个问题时，同学们聊得热火朝天，还有同学迫不及待想跟大家分享他的拿手好菜，眉眼间都洋溢着幸福。今天这节课结束以后，我希望你回去可以告诉你的父母，你很爱他们，他们的前半生，你无缘参与；但他们的后半生，你常伴左右。

（播放歌曲《萱草花》）

【设计意图】让学生把对父母感恩的想法落实到行动中，表达对父母的感谢，而不是让“感恩”一词仅仅停留在口头上。

[课后延伸]

教师引导学生继续思考自己能为父母做什么，每周布置感恩父母系列作业，每学期将选出的优秀作品编成册子——《宠宠我的父母》。

活动过程：

1. 教师每周布置感恩父母系列作业（德育作业）。

2. 在上交的作品中挑选比较好且有新意的作品，及时打印、收藏。

3. 在每周的班会课上花 10 分钟向学生展示上周的感恩作业，并让大家投票选择最佳作品编入册子。同时，让学生就自己上周的表现进行讨论。

4. 每学期结束时将选出的优秀作品装订成册。

[反思与总结]

本节班会课主要通过一系列心理小游戏与德育故事，用情感去唤醒孩子内心最敏感的地方，从而培养孩子的感恩之心。所以在设计游戏环节与选用德育故事时，要选用能震撼孩子心灵的素材，以期能抵达孩子的内心深处。学生写下与父母相处的温暖而美好的瞬间后，可以与同伴分享，使学生的感悟更为深刻。

在课堂的结尾播放歌曲《萱草花》，创造相应的情感体验和氛围，帮助学生丰富情感，引发心灵共鸣。为了避免班会课后出现德育效果递减的现象，建议教师设计系列化班级活动，指导学生分享自己与父母温馨互动的日常，引导学生常怀感恩之心，从而养成感恩父母的意识和习惯。

附1 子女对父母的日常了解情况调查表

1. 你知道父母的生日吗？

A. 知道　　B. 不知道

2. 你知道父母的身高、体重吗？

A. 知道　　B. 不知道

3. 你知道父母穿多大号的鞋吗？

A. 知道　　B. 不知道

4. 你知道父母喜欢的颜色吗？

A. 知道　　B. 不知道

5. 你知道父母喜欢吃什么吗？

A. 知道　　B. 不知道

6. 你知道父母每天几点上床休息吗？

A. 知道　　B. 不知道

7. 你知道父母最近哪里不舒服吗？

A. 知道　　B. 不知道

8. 在日常生活中，你会给父母准备礼物吗？

A. 会　　B. 不会

9. 你会主动找父母聊天吗？

A. 会　　B. 不会

10. 你会和父母一起做家务吗？

A. 会　　B. 不会

附2　父母对子女的日常了解情况调查表

1. 你知道孩子的生日吗？

A. 知道　　　　B. 不知道

2. 你知道孩子的身高、体重吗？

A. 知道　　　　B. 不知道

3. 你知道孩子穿多大号的鞋吗？

A. 知道　　　　B. 不知道

4. 你知道孩子喜欢的颜色吗？

A. 知道　　　　B. 不知道

5. 你知道孩子喜欢吃什么吗？

A. 知道　　　　B. 不知道

6. 你知道孩子每天几点上床休息吗？

A. 知道　　　　B. 不知道

7. 你知道孩子最近哪里不舒服吗？

A. 知道　　　　B. 不知道

8. 在日常生活中，你会给孩子准备礼物吗？

A. 会　　　　B. 不会

9. 你会主动找孩子聊天吗？

A. 会　　　　B. 不会

10. 你会和孩子一起做家务吗？

A. 会　　　　B. 不会

» 浙江省杭州市萧山区瓜沥镇坎山初级中学　贺佳琪

8. 假如生命仅剩一分钟
——珍惜生命，爱人爱己主题班会

［班会背景］

当下，学生身心健康受到社会广泛关注。有些学生不理解生命的价值，不懂得爱惜生命，抱着躺平的心态度日，任凭青春年华付诸东流。因此，引导学生认识生命、思考生命、珍惜生命乃至升华生命显得尤为重要，这也是当前刻不容缓的问题。

有人说，没有活动就没有教育。本节班会旨在通过实施与生命教育相关的班级活动，结合心育原则，促使学生积极参与，在体验与感悟中学会成长，由此强化教育效果，让学生深刻体会生命的意义。

［班会目标］

1. 知识与认知目标：引导学生了解生命的由来，思考生命的意义，懂得如何珍惜生命，在日常生活中不断找寻更好的途径升华自己的生命。

2. 方法与能力目标：引导学生结合自身情况，学会制订计划并努力执行，增强韧性与意志力，从而更好地发展自己，寻找属于自己的舞台。

3. 情感与态度目标：引导学生以阳光的心态面对生活，懂得善待、爱惜、尊重自己的生命，学会接纳、包容、关心他人，提升生命价值。

［课前准备］

1. 事先收集 6—8 位学生上幼儿园、小学、初中三个时期的照片。

2. 准备歌曲《送你一朵小红花》的音频，准备视频《人类生命诞生的全过程》。

3. 准备绘本《活了 100 万次的猫》。

4. 打印“假如生命仅剩一分钟，我将________”小卡片。

5. 提前一周布置任务，请学生采访孕妇、环卫工人和警察（有条件的话，可以准备孕妇、环卫工人、警察等身份的服饰和道具）。

［班会过程］

一、认识生命

师：同学们，大家有没有思考过自己到底是怎么来到这个世界上的呢？

大家相视而笑，个别学生讨论。有的说是从石头里蹦出来的，有的说是父母从垃圾桶里捡回来的，还有的说是充话费送的。当然，也有不少学生结合生物学科知识，认真地跟周围的同学阐述自己是从哪里来的。老师一边走动，一边听答案。

师：大家讨论得很热烈，答案精彩纷呈，现在我们一起来观看视频《人类生命诞生的全过程》，看看我们到底是怎样来到这个世界的。

观看完视频后，学生了解了生命诞生的过程，这时候屏幕中又出现了班级部分学生从幼儿园到小学、初中时的照片，学生们捧腹大笑。教师暂停展示，采访笑得最大声的学生。

师：是什么让你觉得很好笑？

生：有的同学小时候跟现在差别太大了！

看着看着，大家就安静下来了，每个人都若有所思。

【设计意图】首先，用问题引发学生思考。然后，通过观看视频，让学生了解生命诞生的过程，结合班级同学从幼儿园到现在的照片，共同感受成长的过程。

二、思考生命

课件展示绘本《活了 100 万次的猫》，请一名学生到讲台上给大家读这个故事。

师：听了这个故事，大家有什么启发？生命的意义到底是什么呢？

生 1：活出真正的自己。

生 2：关爱身边的人，如虎斑猫关爱白猫和小猫们。

师：猫活了 100 万次。它曾是各种各样的人的猫，但是，猫从来不知道活着的意义。直到有一天，它成了一只野猫，不属于任何人，它才开始爱自己，开始爱自己身边的猫，找到了生命的意义。

【设计意图】本环节借助阅读疗法，通过阅读与主题相关的材料，使学生产生共鸣，从而帮助学生理解生命的意义，为如何充实和丰富自己的人生做好准备。

三、珍惜生命

师：上周，我们已经布置任务，请大家去采访孕妇、警察和环卫工人。现在，先分小组进行讨论，小组讨论完后每组推选出两位代表进行情景再现。

A 组采访孕妇，关键对话如下。

小林（小记者）：小黄阿姨，您好！现在天气这么热，您怀着宝宝应该很辛苦吧？可以跟我们说说您怀宝宝这几个月的感受吗？

黄女士（孕妇）：是的，现在天气很热，走几步路就出一身汗（擦汗）。怀孕的确挺辛苦的。前几个月我还经常呕吐，吃不下东西，睡也睡不好；现在也经常觉得腰酸背痛（扶腰）。不过美好的生命马上就要诞生，一切都值得。

B组采访警察，关键对话如下。

小王（小记者）：陈警官，您好！作为一名警察，您对生命应该有非常深刻的理解，可以跟我们说说吗？

陈先生（警察）：小王同学，你好！身为警察，这些年来我见过了太多的生离死别。生命很脆弱，无视交通规则，不戴头盔、酒驾、醉驾等，都有可能危及生命。夏天很多小朋友都喜欢去游泳，溺水是造成中小学生意外死亡的第一杀手，游泳一定要到正规的泳池，远离危险水域。

C组采访环卫工人，关键对话如下。

小蔡（小记者）：（屏幕显示时间，早上5点30分）李阿姨，早上好！您每天都起这么早吗？

李女士（环卫工人）：对啊，每天差不多都是四点钟就做准备工作了，有时候是两班倒。

小蔡（小记者）：每天起这么早，干的活也很辛苦，是什么让您选择这样一份工作呢？

李女士（环卫工人）：我的文化水平不高，很难找到其他工作。对我来说，做一名环卫工人也挺好的。虽然每天干的活又脏又累，但是看到垃圾被清理了，马路变干净了，整个城市变美了，我很高兴，能为这个社会做一点儿事情。

【设计意图】在情景剧中，学生扮演不同的角色，同时也进行心理换位，理解生命的意义。例如，孕妇流露出孕育生命的辛苦与迎接新生命的欣喜，警察深刻地阐述生命的脆弱与珍惜生命的重要性，环卫工人讲述工作的艰辛及简单的快乐等。借此活动可以提高学生的共情能力，使其理解不同行业的艰辛，感受生命来之不易，必须加倍珍惜。

四、升华生命

师：亲爱的同学们，通过情景再现，相信大家对生命有了新的认识。

试想一下，假如生命仅剩一分钟，你会做些什么呢？

分发小卡片，播放背景音乐《送你一朵小红花》。

选取几名学生写的卡片出示如下：

小林：假如生命仅剩一分钟，我将拥抱所有爱我的人，爸爸、妈妈、弟弟……

小梁：假如生命仅剩一分钟，我将拿起吉他，弹出我对这个世界的爱。

小罗：假如生命仅剩一分钟，我将去做一件对我来说有挑战性的事情——跳伞。

小黎：假如生命仅剩一分钟，我将安静地躺在病床上，翻看日记，感受过往的喜怒哀乐。

师：（结束语）假如生命仅剩一分钟，我们将会思考怎样利用这一分钟的时间去做最有意义的事情。比如，感受自己的喜怒哀乐，做有挑战性的事情，感恩他人，感恩世界。事实上，我们的生命是由很多一分钟组成的，我们无法预知自己生命的长短，但假如我们可以把生命里的每一分钟当作最后一分钟来对待，我们将会活得更充实。法国文学家托马斯·布朗说过这样一句话："你无法延长生命的长度，却可以把握它的宽度；无法预知生命的外延，却可以丰富它的内涵；无法把握生命的量，却可以提升它的质。"作为中学生，我们应该怎样在有限的时间里做更有意义的事情呢？

勇于挑战。我们可以在自己陌生的领域多做尝试，以此拓宽自己的视野，变固定型思维为成长型思维，让生命有更多的可能。

成人达己。每个生命个体都不是孤立存在的，除了要学会关爱自己之外，我们还应多关心周围的人、身边的事，在帮助他人、奉献社会中丰富生命的内涵。

乐观积极。人的一生总会经历很多喜怒哀乐，而怎样去面对才是决定生命品质的关键，积极的情绪、乐观的态度将会让你终身受益。

【设计意图】借助积极心理学原理，引导学生在困难与挫折面前，学会用积极乐观的态度去面对。同时，引导学生规划好生命中的每个一分钟，努力让自己的生命更有意义，不断地丰盈自己的生命内涵，升华自己的人生。

［课后延伸］

1. 阅读延伸。阅读《假如给我三天光明》，把自己的阅读感悟记录下来并在下一次班会课上与同学们分享。

2. 制作愿望清单。列出自己本学期最想做的三件事，规划好执行时间，粘贴在愿望墙上，可以把自己的愿望及执行时间告诉好朋友或家人，请他们适时提醒，以提高愿望达成度。

【设计意图】生命教育不是一朝一夕的事情，它应该贯穿于我们日常教育教学的方方面面。在学习完本节课后，学生继续进行生命教育相关阅读，制作愿望清单，以加深对生命的理解。

［反思与总结］

1. 本节班会课需要提前准备的资料比较多，如需要收集部分学生从幼儿园到小学、初中的照片，一开始设计的是收集全班同学的照片，经过实践之后发现这部分耗时较长，于是改为收集 6—8 位学生的照片，让时间分配更合理。另外，还要提前布置采访任务，跟进学生的完成情况。如果个别学生较难找到身边的孕妇、警察和环卫工人等，那么也可以采访自己的爸爸妈妈或者老师。

2. 情景再现环节，学生听得非常投入，有条件的话还可以准备好小枕头（扮孕妇用）、警察和环卫工人的服装等道具。在分小组讨论时，我用心观察哪些同学的素材比较鲜活，为班级表演做好准备，也给学生提出适当的建议。

3. 学生书写感悟时，我巡视，了解学生所写的内容。在请同学发言时，尽量考虑不同维度，避免千篇一律。

4. 拓展愿望清单，一开始是列出自己最想做的十件事，后来改成列出自己本学期最想做的三件事，缩小范围，降低数目，这样学生的清单范围更聚焦，更易执行，很多学生都积极参与活动并努力实施计划。

» 广东省中山市小榄花城中学　孙勃

9. 三厘米的生命韧性
——增强抗挫能力和心理韧性主题班会

[班会背景]

埃里克森的人格发展阶段理论认为，初中阶段的学生正处于青春期，学生的生理和心理都在发生变化。他们开始寻求自我独立，渴望得到他人的理解和认可。加之，初二的课程难度开始加大，他们要独立面对更大的学习压力，这就很容易使学生产生不同程度的挫败感。此外，这一阶段的学生自我调节能力还比较弱，一旦遇到挫折，就很容易陷入消极的情绪中。本节班会的意义在于帮助学生理性看待挫折，科学应对挫折，增强生命韧性。

[班会目标]

1. 知识与认知目标：引导学生正确认识挫折，从挫折中获得成长。

2. 方法与能力目标：学会理性看待生活中遇到的挫折，教会学生运用“抗逆力 3I 策略”“十大积极结果练习”等方法，增强抗挫能力和心理韧性。

3. 情感与态度目标：帮助学生树立战胜挫折的勇气，使其更乐观、自信地学习和生活。

[课前准备]

1. 按照本班实际情况，挑选数学成绩较好的 3—5 名学生形成挑战 A 组，挑选语文成绩较好的 3—5 名学生形成挑战 B 组。

2. 根据挑战组成员数量制作闯关挑战题（每人一份）。

3. 制作彩色“3I 能量卡”（A4 纸大小）。

4. 提前买好明信片。

[班会过程]

一、漫画导入——开挂的人生都是厚积薄发

师：今天我们来一起认识一种神奇的植物——毛竹。说它神奇，是因为它拥有令人震撼的“魔法”生长力量。我们通过一幅漫画来了解一下。

（出示漫画）

师：第一个问题，毛竹“魔法”生长的秘密是什么？

生：不着急成长，不断在地下扎根，蓄势待发。

师：第二个问题，从中你得到了什么启发？

生：在沉寂和黑暗时期，它体验了更多的忍耐和等待。

师：阴暗潮湿，不见日光，无人问津的地下生活环境，这些让你想到了什么？

生：想到了我自己，想到了我遇到的挫折和困难。

师：是的。事物的发展要经历波折，就像人要经历挫折一样。我们要知道，挫折无处不在，这是成长规律。我们总羡慕那些开挂的人生，总希望自己是下一个幸运儿。殊不知，没有谁的成功是一蹴而就的，每个人都要通过自己的努力，去塑造生活的美好模样，每一个开挂的人生都是厚积薄发。每个优秀的人都会经历一段沉寂的时光，在那段时光里，他付出了很多努力，却不一定看得到结果，我们把这段时光叫作扎根。经过了前期的积累和磨炼，是不是就意味着以后的人生之路都是坦途？我们再来看一看下一幅漫画。（略）

师：请大家认真观察漫画，过会儿我们找两个同学表演一下这个场景。

（一分钟后，教师找两个学生表演，一人扮演晾衣竿，一人扮演竹笛，略。）

师：从晾衣竿和竹笛的对话中你获得了什么启发？

生：人必须经历各种磨难和雕琢才能成长。

师：竹笛经历的千刀万剐象征我们要经历的千百次打击和磨难。人生没有白流的泪，每一次挫折都会成为我们前进的基石。我们不要盲目羡慕别人的成功，要多去看看别人付出了多少。要深知：艰难困苦，玉汝于成，磨砺成就精彩，非常之人必经非常之事。

【设计意图】用漫画激发学生的兴趣，因势利导引出本节班会的主题——增强抗挫能力和心理韧性。用毛竹的成长过程，引导学生正确认识挫折。在此基础上用晾衣竿和竹笛的对话启发学生思考成长，进而引导学生正确看待挫折，学会把挫折转化为机遇。

二、挫折体验——不做自己的“差评师”

师：接下来，我们来一起做一个小游戏。游戏规则如下。

1. 分组

A 组的组员标准：数学比较好但语文相对薄弱的学生。

B 组的组员标准：语文比较好但数学相对薄弱的学生。

观察组：3—5 名学生。

2. 闯关挑战

第一轮：两组学生在 10 分钟内挑战数学思维关，挑战成功的小组将获得 100 分。

第二轮：两组学生在 5 分钟内挑战语言表达关，挑战成功的小组将获得 100 分。

获胜小组将获得“学习达人”勋章。

教师出示挑战题，两组学生参与挑战，观察组学生认真观察两组学生的状态，其余同学跟随两组同学一起参与挑战。

【设计意图】本活动意在给学生创设考场上遇到挫折的场景，不同学习力的学生参与这一活动的效果不同。学生挑战难度越大，挫折感越强，模拟情境效果就越好。若在挑战中出现两关都没有挑战成功的情况，教师要注意引导学生说出遭遇挫折后的感受。

第一关：数学思维挑战赛。

据说这是一道难倒了99%的大学生的初中数学题，你能得出正确答案吗？

求∠ADB的度数（见图1）。

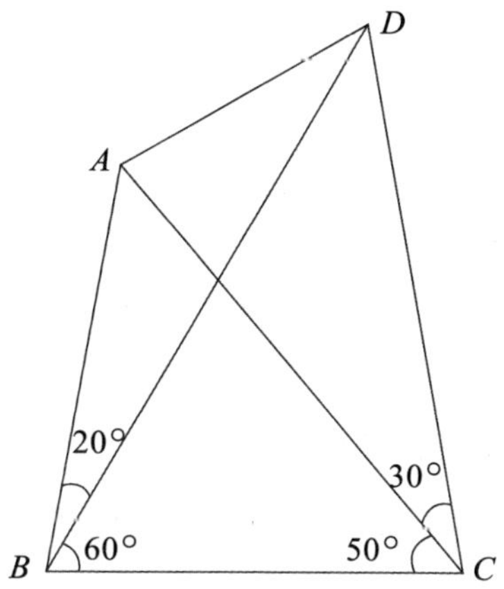

图1

第二关：语言表达挑战赛。

请根据情境提示信息和图2，自行创作一首小诗。

情境提示：月华如水的夜晚，行人停下匆忙的脚步，伫立着，静静地欣赏天空中的一轮明月。此时，站在楼上的诗人轻轻推窗，看到眼前的景色不禁吟诗一首……

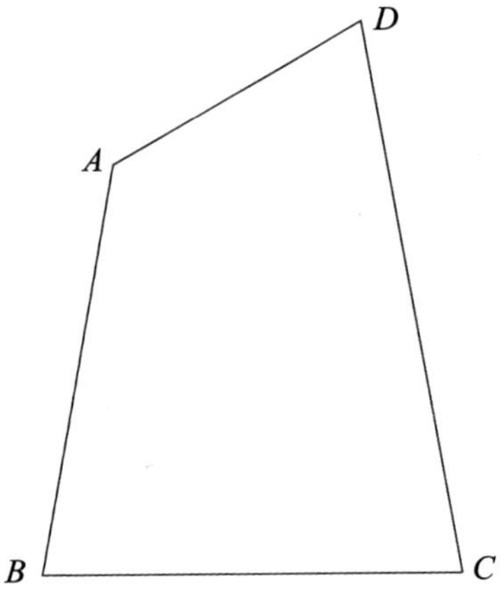

图 2

师：挑战结束了，我们先来问问观察组的同学，看看他们发现了什么。

生：我注意观察了两组同学在挑战时的状态。挑战第一关时，我看到A组的同学很自信，讨论也很激烈，很快进入了状态；而B组的同学却没有信心，甚至能看出来他们慢慢地想要放弃。到了第二关情况就不一样了，这时A组的同学很困惑，脸上好像有很多问号，抓耳挠腮地思考，似乎过程不是那么顺利。但是B组的同学从看到这道题时就很开心。他们在第一关时的失落不见了，越来越有信心。最后我注意到，他们解答出来的那一刻，几个人都在鼓掌。

师：观察组的同学观察得很细致。接下来我们来采访一下两组同学，看看真实情况是怎样的。

（教师公布第一关的答案后开始采访，先采访A组同学，再采访B组同学）

师：挑战第一关时，你们的感受如何？有哪些困难？是如何克服的？

A组同学：第一关是数学思维挑战赛，我们几个都是比较喜欢数学的，听到老师介绍说这是一道难倒了99%的大学生的初中数学题，看到题目后，我们挺兴奋的，特别想算出答案证明自己。我们就先认真审题，寻找突破口。3分钟后，我们觉得这道题果然有点儿难，于是就寻找以前做过的数学模型，想借助数学模型去解题，然后大家就一起展开了讨论。其实运用以前积累的数学模型，我们心中有一个统一的答案，知道要求的角的度数一定是 30°，但是不知道如何证明。组内同学就不断地去寻找证明的方法，虽然时间到了，我们依然有些步骤没证明出来，但作为填空题，我们最终还是得出了最终答案。

B 组同学：看到第一关的题目时，我们就很没有信心，因为我们组的同学都是数学菜鸟，又听老师介绍说这是一道难倒了 99% 的大学生的初中数学题，我们就更没有信心了。拿到题目后，我们先看了看题目，没有思路，能想到的只有四边形的内角和定理，后面我们一直在定理中打转。时间过去 5 分钟了，我们还是没有思路，于是我们改变单打独斗的方式，开始小组讨论。看着时间一点点过去，感觉就像在考场上眼看着要交卷了却一点儿思路都没有，我们就越来越想放弃了，最后也没算出正确答案。

（教师公布第二关的答案后开始采访，先采访 B 组同学，再采访 A 组同学）

师：那么，挑战第二关时，你们的感受如何？有哪些困难？是如何克服的？

B 组同学：第二关是语言表达挑战赛，我们组的同学文采都比较不错。拿到题目后，我们就认真分析题目。通过圈出关键词，我们发现如果把图 2 里面的每个点放到情境提示的环境中，眼前就可以呈现一幅画面。月亮、行人、天空、窗户，每个人都不是独立的个体，在此基础上，我们想到了卞之琳的那首小诗《断章》。

A 组同学：拿到第二题后，我们有点儿蒙，心想这个图不还是第一关的图形吗？没有区别啊！再加上第一关我们只得出了答案，没有写出完整的证明过程，看到这个图后思维仍然还在第一题中没有走出来。我们看到的图形中，点依然是点，线段依然是线段，也压根不知道给出的情境提示和这个图有什么联系，我们发现我们的思维固化了。再抬头看看时间，只剩两分钟了，这时我们就像语文考试要结束了但作文还没有写一样焦虑，于是，只能硬着头皮随便写两句应付交差，所以这一题做得很糟糕。

师：其实这个小游戏真实地模拟了我们在考场上遇到自己不擅长的题目时的场景。那么，当我们在学业上遇到挫折时该怎么办？老师给大家支第一招——增强抗逆力。

课件展示：

国际抗逆力研究计划针对青少年学生抗逆力的培养情况，提出了“抗逆力3I策略”，即“我有（I have）”“我是（I am）”和“我能（I can）”。①

我有：强调的是外部支持与资源——比如，朋友、家人、师长的帮助等。

我是：强调的是自己的内在力量——比如，我的感受、我的态度、我的信念等。

我能：强调的是自我效能因素——比如，自己解决人际交往问题和解决困难的各种能力。

师：现在给大家3分钟时间，我们转换一下角度，运用“抗逆力3I策略”重新分析一下我们的这次挑战赛。

（教师引导学生找出本组面对困难时的“抗逆力3I策略”）

师：运用“抗逆力3I策略”，我们再来采访一下两组同学。你们现在有什么不同的看法吗？

A组同学：用“抗逆力3I策略”去看待这个问题，我发现其实我们组挺棒的。首先，我们组的每个同学都是擅长数学的，每个同学在做第一道题时都提供了智力支持。其次，我们挑战的第一题就是我们擅长的数学题，这让我们从一开始就拥有了较强的信心。最后，我们面对困难时，每位同学都做到了全力以赴，虽然也有遗憾，但我们做到了最好。

B组同学：其实，换一个角度去看问题，我们就会发现很多挫折会迎

① 邹建章.抗逆力：如何应对生活中的坏事件[M].长春：吉林文史出版社，2019: 209-210.

刃而解。虽然挑战第一题时就让我们受挫了，但我们组的每一位同学都在给队友打气，鼓励队友重新找回自信，慢慢地我们的状态也调整过来了。看到第二题时，我们的自信心回来了。我们相信自己能够把第二题解答出来，于是我们开始分工合作，大家群策群力完成了第二题的挑战任务。虽然有遗憾，但我们尽了最大的努力，我认为我们是成功的。

师：两组同学转换了思维，重新认识了这件事，听完他们的分享后大家有什么看法？

生 1：每个人在生活中都会遇到自己不擅长的事。我们不要只看到自己没有什么，要多去想自己有什么，转换思维，或许事情就迎刃而解了。

生 2：如果我们都能用积极的思维去面对困难和挫折，那么我们的心态就会变得阳光许多。

师：我们都不是十全十美的人，都有优点和缺点。在遇到挫折的时候，不要做自己的“差评师”，要看到自己的闪光点，为自己的优点点赞，要学会转换思维，多去看看生活给予了我们什么，多去寻找自己的价值。

【设计意图】埃里克森认为，初中生正处于自我同一性与角色混乱冲突的心理发展阶段。这一时期的学生更加关注自己在别人眼中的形象，而初中生大部分时间都处在学习环境中，基于此设计了这个挫折体验游戏。通过开展此活动，引导学生正确看待学习中遇到的挫折，能够运用“抗逆力 3I 策略”转换思维，战胜挫折，重塑自信。

三、积极暗示——治愈“心灵癌症”

1.“抗逆力 3I 策略”唤醒心灵复原力

师：进入初中后，无论是在生活中还是在学习中，我们该如何面对这些挫折和逆境呢？接下来我们一起来做一个小游戏——“同心助力增强抗逆力”。

游戏规则如下。

第一，请同学们在“3I 能量卡”（见图 3）的四个小方框的左上角分别写上自己最近遇到的困难或挫折。

第二，在每个同心圆内写上自己的“抗逆力 3I 策略”，蓝色代表“我是”，绿色代表“我能”，黄色代表“我有”。

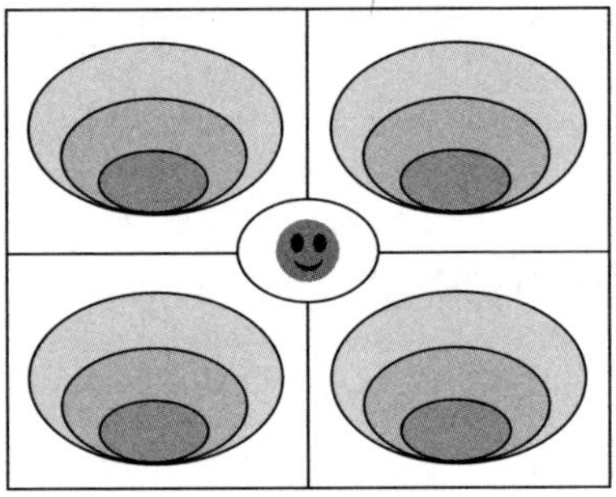

图 3 “3I 能量卡”

师：我举个例子。比如，我遇到的挫折是成绩总是提不上去。用“抗逆力 3I 策略”来看，“我是”：我是一个有上进心、肯努力的人；“我能”：我能认识到这一问题的重要性，并想办法积极地去解决；“我有”：我有老师的指导、同学们的帮助和同伴的鼓励。

（学生认真思考后填写自己的“3I 能量卡”，10 分钟后分享，略。）

师：遇到逆境我不怕，我有“3I”来救驾！我们会遇到很多逆境，只要运用“抗逆力 3I 策略”，很多困难和挫折我们就都有解决的办法。

2. 十大积极结果赋予心灵幸福感

师：在生活中我们总会遇到各种各样的挫折，如何让自己从难过、颓废的心境中走出来？老师给大家支第二招——十大积极结果练习。每次遇到自己难以解决的问题时，就写下这个难题可能会给你带来或已经带来的十大积极结果，然后思考如何让这些结果变成现实。

师：假如你因为生病，躺在医院的病床上没有办法去上学，你可以尝试写一下，这件事有以下十大积极结果。

①可以暂时不用写作业了。

②可以不用每天早起上学了。

③可以暂时不被老师催作业了。

④可以有一个正当理由好好休息一下了。

⑤平时的坏习惯，趁这次生病，可以下定决心改一改了。

⑥总算有大块的时间，看一下一直想看的书和电影了。

⑦可以早睡了，不用像之前那样熬夜补作业了。

⑧可以让父母多陪陪我了。

⑨有时间和父母聊聊天了。

⑩可以好好复习一下自己以前所学的知识了。

师：如果我们能从任何糟糕的事情中，找到它能带来的积极结果，那么一切就可能快速好起来。接下来，我给大家出示几个挫折的场景，请大家在“3I 能量卡”的背面写下十大积极结果，我们来练习一下。

教师出示挫折场景：成绩下滑、被朋友误解、和父母吵架……

教师巡视，5 分钟后学生分享。

师：接下来，我们选择 10 位选同一场景的同学接龙分享你写下的十大积极结果。

教师引导，学生分享，略。

师：大家从这个活动中发现了什么？

生：我发现，这些挫折并没有什么大不了的，只要我们积极地去面对就能找到解决的办法。

师：是的。这样的练习能让我们从挫折中更好地走出来，找到更符合自己内心的答案。人的一生不可能一帆风顺，每个人都会遇到各种各样的挫折，只有通过发现意义，把失败转化为有用的经验，我们才算取得真正的胜利。希望每个同学都能战胜挫折，抵达自己理想的彼岸！

【设计意图】本环节重点教会学生利用“抗逆力 3I 策略”“十大积极结果练习”等方法走出困境，通过乐观面对生活的刻意练习，让学生学会用积极的心态去看待问题，消除抱怨等不良情绪，帮助学生提高逆商，更加自信地学习和生活。

［课后延伸］

教师引导学生利用课堂上所学的“抗逆力3I策略”和十大积极结果练习等方法给自己制作一张励志明信片。

活动过程：

1. 教师下发明信片。

2. 教师引导学生用课堂上所学的“抗逆力3I策略”和十大积极结果练习等方法写一首鼓励自己的三行诗。

示例：

我看不到黑暗

因为

我站在阳光里

3. 学生分享写给自己的三行诗，全班为分享的同学鼓掌加油。

4. 把全班学生写的励志明信片粘贴在班级文化墙上进行展示。

［反思与总结］

本节班会课目的在于引导学生认识挫折，找出应对挫折的方法，帮助其走出困境。整节班会的设计流程较为连贯。反思整节课，在教学过程中教师并没有给学生灌输过多的思想，而是一步步地引导学生去体验情境，去分析问题，去找出解决问题的方法，让学生成为课堂的主导者，主动地参与到课堂活动的每一个环节。两个课时的班会设计，学生的参与度都很高，在课堂上学生乐于展示自己，提升自己，这说明学生充分进入具体的场景中并有一定的收获。

由于本节班会设计容量较大，在班会实施的过程中为了能够更好地完成各个环节，需要提前进行时间分配。教师一定要提前了解学生的学情，预设各环节可能会出现的问题，合理安排各环节的时间，使班会课达到更理想的状态，让学生有更大的收获。

» 云南省昆明市第一中学西山学校　曹璐

九年级

习惯篇

1. 将一天变为26小时
——时间管理主题班会

[班会背景]

一寸光阴一寸金，寸金难买寸光阴。人们常说，要珍爱生命，就必须珍惜个体拥有的时间。然而，在现实中，部分学生对时间的流逝缺乏感知，“珍惜时间”往往只是一句口号。与此同时，一些学生的学习生活既缺乏必要的紧迫感，又缺乏应有的放松和调剂。面对这一现状，教师需引导学生掌握科学、合理、先进的时间管理方法，帮助学生学会统筹安排自己的时间，做好时间管理。

[班会目标]

1. 知识与认知目标：通过装瓶子实验，了解将重要的事情放在首位的重要性。正确认识时间管理的好处，增强时间管理意识。

2. 方法与能力目标：理解并运用时间管理的相关方法，提高合理利用时间的能力。

3. 情感与态度目标：感受科学的时间管理方法，提升学生对时间管理的信心。

[课前准备]

1. 认真阅读时间管理理论书，挑选适合学生的时间管理方法。

2. 对学生时间管理情况做调查，了解学生的需求。

3. 准备做装瓶子实验需要的材料：瓶子、石头、碎石、沙子、水。

［班会过程］

一、24 小时太少

课件出示以下案例。

假期里的一天，小明打算好好学习。

9 点，吃完早餐后的小明已坐在书桌前。他心想："数学、英语、语文和地理作业都没写，地理还是薄弱科，要好好复习一下，那要先做什么呢？" 10 分钟后他找出了所有的课本和作业本，看到凌乱的桌面，又决定先收拾书桌。

30 分钟后书桌变整洁了。他到客厅喝水稍事休息。这时他拿起了茶几上的手机，打开了短视频应用程序，不知不觉一个小时就过去了。好不容易要做作业了，可刚坐下，小明就接到了同学的电话并与他闲聊了 30 分钟。

挂了电话，小明终于拿起了作文本。想起写作文颇费脑筋，小明决定下午再写。午饭过后，他马上回房间写作业。可过了一会儿，小明感到困倦。他心想："反正放假就好好休息一下吧！"

一觉醒来，小明惊讶地发现已经是下午三点了。他感到精力充沛，就打开电脑上网了。小明关机时已经快 5 点了，这下他着急了，怎么办呢？赶紧写作业吧！可小明看到桌面的作业，又有了明天再写的念头。

师：请同学们评价一下，小明这一天安排得怎么样？

【设计意图】以小明的一天为例，引导学生积极反思。

二、时间都去哪儿了

复盘小明的一天，找一找问题所在。

小明想要干的事情：

写各科作业

写作文

复习地理知识

再来看看小明这一天都做了什么：

9: 00—9: 40 找作业本和收拾书桌约 40 分钟

9: 40—10: 40 刷短视频 1 个小时

10: 40—11: 10 和同学打电话聊天半个小时

11: 10—15: 00 吃午饭及午睡约 4 个小时

15: 00—17: 00 用电脑上网约 2 个小时

总结概括：小明其实要做和想做的事情很多，但从上午 9 点到下午 5 点，共 8 个小时的时间里没有完成任何重要的任务。为什么会发生这种状况呢？他主要存在两个问题：第一，时间规划不合理；第二，他的执行力不够，与学习无关的事情做得比较多，例如，看手机、上网等。

【设计意图】通过复盘小明的一天，将小明所做的事情做分类归纳，引导学生进行概括反思。

三、如何将一天变成 26 小时

师：你们是否也存在类似的问题呢？如何才能高效利用时间，将一天变成 26 小时呢？

如果想做或要做的事情太多，我们的时间又有限，想要提高效率，我们可以运用 GTD 时间管理方法。GTD 是什么？ GTD 是“Getting Things Done”（把需要做的事情处理好）的首字母缩写。它是一种高效处理事务的方法，源于戴维 · 艾伦的著作《尽管去做：无压工作的艺术》。

GTD 时间管理操作如下：

第一步：把要做的事、想做的事随手都写下来，然后分门别类。

第二步：通过回答以下四个问题，思考每件事的意义，考虑应该怎么做，完成计划表。

我现在有多少时间？

我现在有多少精力？

什么事情比较重要？

什么事情更有价值？

第三步：复盘当日完成的事，反思调整。

第四步：周小结、月总结，形成时间管理日志。

试一试 1：请学生使用 GTD 时间管理方法帮小明制作合适的时间计划表。

第一步：写出要做的事和想做的事并分类。

小明要做的事：

写各科作业

写作文

复习地理知识

小明想做的事：

找作业本和收拾书桌

刷短视频

和同学打电话聊天

吃午饭及午睡

用电脑上网

第二步：思考四个问题，完成时间计划表。

问题一：小明现在有多少时间？

小明上午 9 点坐在书桌前。老师建议大家不要熬夜，尽量在晚上 10 点左右睡觉，那么小明拥有的时间就是 9: 00—22: 00。

问题二：小明现在有多少精力？

9: 00—11: 00，15: 00—17: 00，19: 00—21: 00，这三个时间段学生精力比较充沛，可以安排比较重要的学习任务。

问题三：什么事情比较重要？

装瓶子实验：把重要的事情放在第一位。

首先，老师拿出一个瓶子和鸡蛋大小的石头，小心地把它们放进瓶子里。当瓶子装满了，再也装不下石头时，问学生："瓶子满了吗？"

学生回答："满了。"

老师追问："真的吗？"然后，倒了一些碎石，又问一次："瓶子满了吗？"

"可能没有。"一个学生回答。

"很好！"老师回答道。然后又往瓶子里倒了一些沙子，沙子填满了石头和碎石之间的空隙。

老师第三次问："瓶子满了吗？"

"没有啊！"全班学生都喊了起来。老师又一次回应："很好！"

老师拿来一些水，倒入瓶子。

然后看着全班学生问道："这个例子说明了什么？"

一个学生说："无论你的时间表安排得多满，如果你真的很努力，你总能挤出更多的时间！"

“有道理。”老师回答，“小明的一天就像装满石头的瓶子，没有放进任何一件大事。小明时间管理中的‘大石头’是什么？我们一起讨论一下。”

【设计意图】用体验式小活动，让学生感知要把重要的事放在第一位。

理论支持：四象限法则，重要且紧急的事放在第一位。重要且紧急的事马上做，重要不紧急的事计划做，紧急不重要的事选择做，不重要不紧急的事减少做。

学生根据四象限法则讨论小明要做的事。

写各科作业、写作文、复习地理知识，这些都是小明要做的事。

午睡、收拾书桌、和同学打电话聊天、上网和刷短视频，这些事对小明来说好像都很重要。

问题四：什么事情更有价值？

学生分组讨论问题。

写各科作业、写作文和复习地理知识这三件事是提高自己的重要的事，对自我发展的价值最大，所以应该安排在精力充沛的重要时间段。午睡对身体健康很有益处。收拾书桌是很好的卫生习惯。这两项活动应该安排在放松时段。上网、刷短视频、和同学打电话聊天这三项活动是放松活动，当然也应该安排在放松时段，不能占用关键学习时段。

经过以上分析后，我们可以尝试为小明制作时间计划表。

下面是一个学生制作的小明的时间计划表。

9: 00—9: 30 找作业本和收拾书桌

（建议：这些准备工作不要占用关键学习时段。如果时间允许的话，应尽量早些做好学习准备，8: 30 开始准备，9: 00 准时开始学习。）

9: 30—10: 30 写作文

10: 30—11: 30 写各科作业（从自己擅长的科目开始）

11: 30—13: 00 吃午饭、上网、刷短视频、聊天等。建议上网等活动不要超过 30 分钟，可以定制专属上网 30 分钟的闹铃

13: 00—15: 00 午睡（午睡时间有些长，应尽量控制在 1 个小时以内。）

15: 00—17: 30 写各科作业和复习地理知识

17: 30—19: 00 吃晚饭和做放松活动

19: 00—21: 00 写各科作业和复习地理知识

21: 00—22: 00 阅读

22: 30 睡觉

师：这样的时间安排，既可以完成重要的学习任务，也可以满足小明放松的需求，劳逸结合，效果比较好。

现在我们来完成 GTD 时间管理方法的第三步和第四步，同学们一定要按要求做好复盘反思工作，完成时间管理日志哦！

GTD 时间管理方法要点提炼：最好在前一天晚上或当天早上起床后安排好“今日要完成”的事，并按事情的重要程度排序。固定时间的事情，一定要在那个时段完成；不固定时间的事情，当天一定要完成。像这样一天下来，你就得到了一份“今日完成”记录。在晚上睡觉前，你还可以对当日完成情况做一些复盘，以便在未来能做得更好。

习惯的养成并非一朝一夕的事。大脑构筑一条新的神经通道至少需要 21 天时间（21 天法则）。所以，人的行为暗示，经 21 天以上的重复后，会形成习惯，而 90 天以上的重复则会形成稳定的习惯。

试一试 2：请学生思考自己的实际情况，并尝试制作适合自己的时间计划表。学生分组展示。

小明现在的问题是拖延情况比较严重，那么如何不再拖延呢？当然要从提升行动力入手。从心理学的角度分析，要获得行动力其实不难，可以从两个方面来突破——“行动力 = 启动力 + 执行力”。

第一，获得启动力：321 法则。

获得启动力的方法简单到令人难以置信。任何一件事情只要你想去做，就在心里跟自己倒数：“3、2、1，行动！”比如说，你正躺着看手机，突然想起来今天作业还没有写。一般在这个时候，如果再考虑个 10 秒钟，你就会马上给自己找各种理由，拖着不去做了。如果你在心里跟自己倒数“3、2、1，行动”，你就可能会去做。

运用321法则，先行动起来。为了及时行动，我们可以提前设定“大脑开关”——如果发生了某件事情，就立马运用321法则。比如，晚上睡觉前暗示自己：“明早闹铃一响，3、2、1，起床！”

第二，提升执行力：番茄钟时间管理方法。

这是一种用于提高学习专注度的时间管理方法，对提高执行力效果很好，具体操作如下：

①设定一个40分钟的闹钟。

②默念3、2、1（321法则），开始全身心投入学习。

③用专注的状态高效学习40分钟，不允许走神（克服手机诱惑，让手机远离自己，或将手机交由父母监管）。

④如果做到了步骤③，就完成了1个番茄钟。

⑤每完成1个番茄钟就休息10分钟（或5分钟），然后用321法则开始下一个番茄钟，累计2—4个番茄钟可适当奖励自己多休息一会儿。例如，休息时间延长至20分钟。

番茄钟时间管理方法的精髓在于，它能帮我们的大脑保持专注，让每分钟都格外有效率。你可能会发现，全神贯注完成的事务，平常状态也许要花1个多小时。另外，之所以设定为40分钟，是因为我们既可以在短时间内集中注意力，又可以在短时间内完成目标，获得满足感。

试一试3：自选以上克服拖延的方法完善时间规划。

学生分组展示。

【设计意图】学生运用学习的GTD时间管理方法，帮助小明规划时间。在制作自己的时间计划表时，学生熟练运用时间管理方法，解决拖延问题，将时间管理知识系统化。

师：（总结）你的时间在哪里，你的成就便在哪里。管理好你的时间，就能成就你的人生。用好时间管理法，你就可以将一天变成 26 小时！

［课后延伸］

教师引导学生运用本课所学知识在日常学习生活中做好时间管理。一次班会并不能解决根本问题，落实观念需要持之以恒的自我管理和互相监督。因此，设计延伸活动如下：

1. 评选优秀时间规划师。

2. 评选优秀时间管理大师（按周、月、学期、学年评选）。

3. 阶段性修订时间规划。

4. 组织时间管理大师经验交流会。

【设计意图】巩固学生在日常学习生活中运用时间管理方法，在班集体中营造科学管理时间的氛围。

［反思与总结］

1. 根据学生管理时间的情况，展示小明的一天，让学生感觉这就像是自己的一天，激发他们反思。

2. 在上课过程中，要注重循序渐进，实践探究。让学生先运用时间管理方法帮助小明规划时间，之后再根据实际需求做好自己的时间规划。

3. 装瓶子实验可以帮助学生从日常生活的小事中感悟人生哲理，进而把重要的事放在第一位。

4. 班会课后的长时跟踪和及时评价，不仅能营造良好的班级氛围，也能帮助学生提升时间管理效率。

》北京市房山区房山第三中学　王学娟

2. 想努力，没动力？
——认识动力来源主题班会

[班会背景]

初中阶段是人生发展的关键时期。在这一时期，学习在个人的生活中占据了特殊的位置。而学习动力作为引发与维持学生的学习行为，并使之指向一定学业目标的一种动力因素，在很大程度上影响了学习的效果与质量。本课以网络中的动力故事为开端，通过动力超市活动帮助学生了解什么是内部动机和外部动机，并思考不同的动机带来的不同学习状态和效果，掌握调整学习动机从而获取最佳学习效果的方法，体验对学习动机的掌控感。

[班会目标]

1. 知识与认知目标：帮助学生了解内部动机和外部动机，并了解动机对学习的影响。

2. 方法与能力目标：学会区分不同动机，并思考不同动机带来的不同学习状态和效果，掌握调整学习动机从而获取最佳学习效果的方法。

3. 情感与态度目标：体验合适的动机带来的学习愉悦感和成就感。

[课前准备]

1. 课前让学生填写中学生学习动机量表（隐去量表名称），并统计得分，以及动机过强、过弱学生所占比例。

2. 打印课堂学习纸，包括能量购物盘、商品目录（动力来源）、数独。

3. 准备 15 岁少年坐公交从青岛到上海的新闻视频。

［班会过程］

一、今日我分享

（情景导入）

师：亲爱的同学们，暑假列车已经到站，知道这站叫什么名字吗？这一站叫初三上学期。

生：哈哈！

师：嗯，我知道大家在暑假有不少见闻，谁来分享一下自己的见闻和看法？

（两三名学生分享）

师：我今天也有一个有意思的见闻想跟大家分享。等下出示关键词，看谁能最快猜出来。

（课件出示：高铁平度站、青岛、上海、公交车、4 天、15 岁、153 元。播放相关视频。）

师：究竟哪一点最打动你？

生 1：坐公交车啊！我很少坐公交车，觉得司机开得很慢。

生 2：他能从青岛去上海，我还没去过呢！

生 3：花那么少的钱就可以去那么远的地方玩。虽然坐公交车的时间很长，但是这样的经历也很不错啊！

师：看来这个 15 岁少年的公交游让许多人萌生了新的想法。课前我们做了一个测试，大家猜到测试什么了吗？（生答略）对，就是测试大家的学习动力，或者叫学习动机。据统计，我们班有 15% 的同学动机过弱，9% 的同学动机过强。其实我们每个人都像一辆车，在学习的道路上各自开着。有些开得慢的同学其实也想努力，但总觉得没啥动力，是吧？可能很多同学好奇为什么其他同学可以那么认真地学习，希望能发掘出自己的学习动力。我们今天这节课刚好就可以帮助大家认识自己的学习动力来源。

【设计意图】以现实故事导入，通过同龄人公交游吸引学生积极参与课堂活动，提升课堂投入度。

二、动力商店

1. 动力猜猜猜

师：首先，我们来感受一下这 4 天的行程。这段视频包含了很多信息，一共 8 分多钟，我们来观看前半部分。

课件出示：请回答“信息点”+“想法”（你觉得他怎样做才可以这样）。

（学生观看视频后回答，略）

师：同学们，你们的推断很有道理。那背后究竟是什么原因，让这位同学有这样的动力呢？

（生答略）

师：同学们，你们知道吗？你们的答案很有可能就是你们自己的学习动力来源，或者是你们急需的动力来源。

【设计意图】通过猜测主人公自发从青岛坐公交车到上海的原因，结合投射原理让学生学会将自己的实际想法投射到主人公身上，引导学生探索自己的动力来源，增强探究的趣味性。

2. 动力有乾坤

师：每个人都蕴藏着巨大的能量，但是，你们知道推动你们学习的能量是什么吗？你们知道怎样去开发它们吗？

生：不知道。

师：老师开了一个自助商店，能帮助你们选择最符合自己的能量，你们会进店选购吗？

生：老师，先看看卖什么吧。

师：好吧，先来看看我的店里卖什么。

（商品目录如表1所示）

表1　商品目录

① 父母的期望	② 亲戚朋友的比较	③ 老师的鼓励	④ 朋友的鼓励	⑤ 浓厚的学习氛围
⑥ 考到好名次	⑦ 证明自己学习的能力	⑧ 获得尊重	⑨ 对学习感兴趣	⑩ 老师上课很有趣
⑪ 能找个好工作	⑫ 对知识的求知欲	⑬ 我喜欢学习的挑战性	⑭ 获得奖励或奖赏	⑮ 学习这件事我能搞定

师：我的商店里有特定的能量购物盘。请看盘（见图1）这是一个圆盘。

首先，你可以选取目前推动你学习的力量来源，分别写在四个空格里。

其次，根据这个力量对自己的推动作用涂扇形。圆中的数字1—10，分别代表这个力量对你的推动作用，分数越大代表推动力越强。比如说，我选了“考到好名次”，我觉得这个动力对我有6分的作用，就在象限里涂满相应的扇形。

最后，在最外层的一圈，每个象限里都有5个格，按顺时针方向涂。请根据你写的力量来源，写下你对这个因素的控制程度（在1—5分里面，分数越高代表你对这个因素的控制感越强）。如果是3分，就按顺时针方向涂3个格。

如果目录清单中没有你需要的动力项目，可以自行概括并填写在能量购物盘中。

让学生用 5 分钟时间填写自己的能量购物盘。

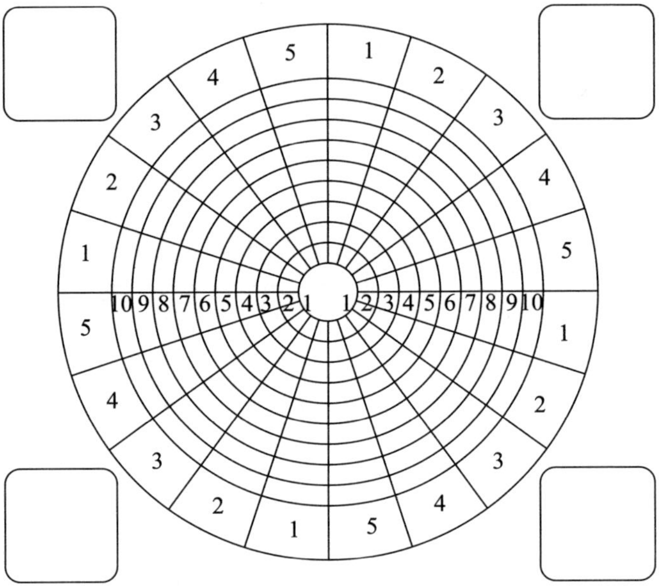

图 1　能量购物盘

小组分享与讨论：观察能量购物盘，回想学习情况，你找到动力充足或不足的原因了吗？如果目前这种状况继续下去，你的学习将会出现怎样的情况？

教师请 2—4 人发言。

【设计意图】根据爱德华·德西和理查德·瑞安的自我决定论，培养学生的掌控感和自主性，能让学生产生更强的内在动机。自助商店的能量购物盘能清晰地呈现动力来源，引导学生通过讨论，自我梳理目前的学习状态。

3. 动力在何方

师：现在每个同学的能量购物盘里都有不同的能量单，我们一起来研究一下，究竟是怎样的能量，让我们学习更有动力，更持久？

现场统计每个学生最高的能量元素（≥ 5，见表 2），汇总在黑板上。

表 2　学生能量元素统计

商品	① 父母的期望	② 亲戚朋友的比较	③ 老师的鼓励	④ 朋友的鼓励	⑤ 浓厚的学习氛围
频次					
商品	⑥ 考到好名次	⑦ 证明自己学习的能力	⑧ 获得尊重	⑨ 对学习感兴趣	⑩ 老师上课很有趣
频次					
商品	⑪ 能找个好工作	⑫ 对知识的求知欲	⑬ 我喜欢学习的挑战性	⑭ 获得奖励或奖赏	⑮ 学习这件事我能搞定
频次					

（其中 ①—⑧、⑩、⑪、⑭ 属于外部动机，其余为内部动机。频次，指每个学生选择动力来源的次数。参考《中学生学习动机与心理健康的关系及其干预研究》、学习动机量表。）

先小组汇总，然后小组代表上台填写。

师：请看黑板，我们找找，对你学习有长久和较大推动作用的动力元素有哪些？这些因素有什么共同点？可以结合控制感数值来观察。

（生答略）

师：其实我们在分析的过程中会慢慢发现，如果动力来自对学习本身的兴趣，属于内部动机；如果动力来自学习以外的原因，如获得奖励、避免惩罚等，属于外部动机。

请把以上 15 个元素按内部动机、外部动机分类，把序号填入表 3 中。

表 3　内部动机与外部动机

内部动机	外部动机

学生先把序号填入表中，然后讨论内部动机和外部动机有哪些不同点。

师：哪种动机更有利于我们持久学习？原因是什么？

生：内部动机应该更可控一些。因为我喜欢挑战，所以就算压力大我也能忍受。我喜欢那种学懂了之后的满足感。我认为应该是内部动机对学习的进展更有利。

师：你的理解恰恰说出了很多人的经验。因为喜欢学习本身，那么再苦再累都不觉得难受。我们总觉得学霸们动力强劲的根源就在于此。如果学习是为了获得奖励、避免惩罚，我们可能就会觉得很累，压力很大，对吧？

【设计意图】通过表格呈现学生的动机因素，使其学会区分内部和外部动机，并思考不同的动机引发不同的掌控感，从而带来不同的学习效果。

三、动力火车在路上

1. 拼图实验

研究者让两组成员一起玩拼图，刚开始的时候，大家都觉得拼图很好玩，全身心投入。

不过，这两组研究对象是有区别的。研究者对A组说，他们每次通关都会获得金钱奖励；对B组说，就是想看看大家喜不喜欢这个拼图，没有任何奖励。

师：等他们拼了一段时间以后，研究者对成员说："我们休息一下，需要整理一下现场，请成员到休息室休息。"此时，休息室里摆放着杂志和书，还放着拼图。请大家猜一猜，这两组成员在休息时间会选择做什么？

生1：我猜，他们都会看看书，不会再拼图了。

生 2：我猜 A 组会继续拼图，因为拼好了有奖励。B 组的人不一定拼，反正没有奖励。

师：A 组的人通关就有奖励，这个是什么动机？

生：外部动机。

师：那 B 组呢？

生：内部动机。

让学生再次区分内部动机、外部动机，并揭示实验结果及其启示。非常明显的结果——给金钱奖励的 A 组，在休息时间不会去碰那个拼图，原因是他们把拼图当作任务。所以，这件事情给我们的启示是——金钱（外部动机）会使你远离学习，远离目标。

2. 重塑挑战

师：同学们，在这节课中我们了解到学习的不同动机来源，你们愿意尝试调整学习动机，让自己有更好的学习状态吗？请调用恰当的动机，争取正确完成数独练习。

（派发数独练习纸）

【设计意图】借助拼图实验检查学生对内部动机、外部动机的掌握情况，并用数独引导学生综合调动学习动机完成任务。

[课后延伸]

统计正确完成数独的人数，记下动机调整的方法，待下节课分享。

【设计意图】通过做数独练习，探讨内部动机、外部动机，让学生学会反思、调整动机，从而体会合适的动机能带来成就感和愉悦感。

[反思与总结]

1. 在“今日我分享”环节，出示关键词极大地激发了学生的思考力和好奇心。有的学生了解主人公的故事后并不赞同采取公交游的方式，此时教师可以将其与学习缺乏动力的原因相关联。在“动力猜猜猜”环节可以引导学生关注旅行的信息点。

2. 学生绘制能量购物盘时，对最外圈动力来源的控制因素有疑惑，需要教师举例解释。绘制能量购物盘后，要引导学生先感受能量购物盘的力量，从而促进学生思考学习的动力来源。能量购物盘信息巨大，能快速呈现全班的总体动力来源，为下一环节提供数据支持，从而使学生理解“学习为何总感觉累”这一现象背后的原因。

3. 通过拼图实验及数独练习，引导学生初步尝试反思和调动学习动机，教师提供的数独技巧可以增加学生尝试的概率，是个不错的辅助方式。

» 广东省佛山市南海区桂城街道平洲第二初级中学　何雁彩

3. 向往的高中生活

——树立目标，激发动力主题班会

［班会背景］

随着中考临近，初三学生学业压力增大，容易产生紧张情绪，而目标设定与分阶段实现有利于缓解学生的焦虑情绪。本节班会旨在引导学生树立合理的中考目标，掌握分解目标和完成不同阶段任务的方法，帮助学生展望即将来临的高中生活，提升学习的动力，引导学生树立脚踏实地和不懈努力的意识，逐步达成考上理想高中的目标。

［班会目标］

1. 知识与认知目标：明白树立中考目标对激发学习内驱力的重要性。

2. 方法与能力目标：通过团体动力活动和体验式学习，掌握用逆向思维分解大目标的方法，学会根据实际情况调整目标。

3. 情感与态度目标：增强目标意识和规划意识，激发备考动力。

［课前准备］

1. 教师准备中考手册或招生宣传单，向学生介绍本地优质高中或中职学校的录取条件，让学生初步了解自己的升学目标。

2. 准备各种手绘图片和纯音乐。

［班会过程］

一、我的理想高中

师：每个人都有自己的理想，也许现在离我们最近的目标就是考上自己理想的高中。你们理想的高中是什么样子的呢？（播放手绘图片）

师：同学们，你们想进入这样美丽的高中学习吗？

生：想。

二、怎么才能顺利“上岸”

师：同学们，咱们先来听一个故事。挪威人喜欢吃沙丁鱼，尤其是活鱼，所以渔民总是想办法带活的沙丁鱼回港。可大部分沙丁鱼还是会在运输途中窒息而死，怎样才能解决这个问题呢？（播放沙丁鱼奄奄一息的手绘图片。生答略。）

师：同学们说的办法都有一定的道理。老师来告诉大家这个故事的结局。有人在装沙丁鱼的鱼槽里放进一条鲶鱼，便解决了运输途中缺氧的问题，大多数沙丁鱼都活蹦乱跳地回到了渔港。（播放鲶鱼追着沙丁鱼跑的手绘图片）

师：没错，这就是著名的“鲶鱼效应”①。你们能用一句话来总结它吗？（生答略）

师：活力来自竞争，挑战的反面是机遇，压力的反面是进取。在美好的青春年华，你是想做锅里躺平的咸鱼，还是水里扑腾的沙丁鱼呢？

【设计意图】通过讲述鲶鱼效应的故事，激发学生的斗志，让学生意识到青春不能浪费，引导他们树立目标意识。

---

① 从鲶鱼与沙丁鱼的地理分布和生活习性，以及活鱼剧烈活动会更消耗氧气来看，这个故事可能是杜撰的。——编者注

三、我离目标高中还有多远

师：同学们，你们跑过马拉松吗？我记得大学时跑马拉松，每过一个站点都会得到一张积分卡，最终凭借五张积分卡跑过终点。同学们想想：为什么要分几个站点呢？在初三的最后阶段，我们要怎样才能获胜？（生答略）

师：现在我们借鉴马拉松的智慧，分设几个标志性的站点，用逆向思维分解目标，以终为始。理想的高中是终点，以一个月为一个单位，分成8个站点，以你现在所处的初三为起点，请绘制自己的“我离目标高中还有多远”马拉松路线。

首先，老师播放纯音乐，学生以小组为单位绘制“我离目标高中还有多远”马拉松路线（见表1）。

其次，老师邀请两个小组的代表展示并讲解。

最后，老师归纳总结和补充内容，再次强调倒定目标法，并提供示例，让学生一目了然。

（课件依次出示8个站点及时间轴）

表1 “我离目标高中还有多远”马拉松路线

中考	站1	站2	站3	站4	休息	站5	站6	站7	站8	初三
2023.6	2023.5	2023.4	2023.3	2023.2	2023.1	2022.12	2022.11	2022.10	2022.9	

倒定目标法即以期望的目标为基准，从后往前来推测的一种方法。学生使用它能够充分发挥自我主动性，力求做到学习情境化、情境问题化、问题活动化和活动层次化。

【设计意图】通过使用倒定目标法，及绘制“我离目标高中还有多远”马拉松路线，让学生得到启发，引导学生制定、分解目标。

四、想要半途而废怎么办

师：同学们，我们以初三为起点，展望未来，现在进入第一个月，我们还要经过那么多站点，如果我们在中途遇到困难和挫折，想要放弃，该怎么办？请小组讨论。（课件提示：积极的心理暗示、通过持续有节律的运动缓解焦虑、向专业人士寻求帮助、每次达成小目标后的正面反馈等，其余学生自行补充。）

师：请大家根据刚刚的讨论情况演绎情景剧《“我能行”与“我不行”》。（角色扮演时应注意学生的年龄特点，尽可能生动、有趣。可以准备道具，用两个卡通画做头饰，一个愁眉苦脸状，头饰上写“我不行”；一个充满自信状，头饰上写“我能行”。）

学生在小组内分派角色，教师辅助排练。教师根据排练情况邀请学生上台表演，给予评价和反馈，录制情景剧。

师：（结束语）目标看似很远，其实很近。看似很难，但只要开始就成功了一半。希望大家在实现目标的过程中，找准方向，找对方法，坚持不懈，进入理想的高中！

【设计意图】体验式学习方法是教师通过自行发起或建立的结构化、有指导的体验活动，以达到促成学生学习这一明确目的。学生通过体验与感悟、分享与交流、调查与讨论、角色扮演等内化情感。学生通过表演情景剧，体验想要半途而废时的畏难情绪，展示了初三冲刺中缺乏自信的具体表现。这样做能引起学生反思自我，帮助他们树立自信，领悟坚持的意义。

［课后延伸］

1. 请大家把自己画的“我离目标高中还有多远”马拉松路线贴到班级作品展示长廊上。

2. 指导学生具体落实阶段目标，班主任及各科任老师辅助定期检测，给予评价和反馈。

【设计意图】通过绘制路线和落实具体目标，让学生在团队中互相监督，互相勉励。老师的支持和反馈，能让学生及时反思和更新自己的目标实施方案。将课内学习和课外活动拓展联合在一起，可以让学生持续地向目标努力。

[反思与总结]

1. 以往很多初三学生并不知道如何规划自己的目标，团队的目标是否符合自己的实际，这就需要班主任采用体验式学习方法对学生加以引导，促进目标实现。

2. 本设计不能适用于所有地区和不同层次的学生，班主任需根据校情、学情设计当地高中的理想路线，满足导入环节需求。

3. 课前准备尤为关键，教师可在课前补充有关中考录取的资料，关注班会课活动设计相关资料。

》贵州省惠水县第四中学　李桃桃

》贵州省惠水县摆榜民族中学　何小晓

4. 走进大脑的神秘世界
——走近脑科学，优化学法主题班会

［班会背景］

进入初三后，各学科从针对阶段性学习的单一考查迈向了多元考查。无论是日常的课堂学习、课后作业巩固，还是阶段性质量监测，都对学生提出了更高的能力要求。毕业班的学生容易产生有关备考的疑问：为什么有的学生事倍功半，有的学生却“事半功倍”呢？这其实与学习方法密切相关。

那么学生如何科学优化学习方法，并提高综合学习能力呢？作为班主任，我们可以借助脑科学帮助学生应对这个挑战。本节班会课将帮助学生理解大脑的运行机制，进而探索高效学习需要全脑协作及刻意练习的意义。教师会向学生介绍全脑协同思维的技术与工具，引导学生在最近发展区进行全脑协作，提高自我管理能力，推动学习与成长。

［班会目标］

1. 知识与认知目标：引导学生了解三脑理论及左右脑分工理论，理解大脑运行机制。

2. 方法与能力目标：引导学生探索思维导图的特点与优点，尝试绘制思维导图，学会借助思维导图激活大脑。

3. 情感与态度目标：唤醒并激发学生在学习中刻意练习的意识，为成长赋能。

［课前准备］

1. 教师需提前了解由东尼·博赞先生提出的思维导图理论，学习其定义以及制作思维导图的方法。

2. 教师应预先尝试创造自己的平衡轮及绘制思维导图。

3. 为每位学生打印彩色的平衡轮图片，如果条件不允许，可打印黑白色的平衡轮图片，并提前让学生准备多种颜色的彩笔。

4. 准备舒缓的音乐，关于三脑理论、左右脑分工理论的图片和视频。

［班会过程］

一、身临其境

教师播放舒缓音乐，插上香薰灯，营造对学生而言舒适、安全的环境（如学校条件允许，可在学生发展中心或心理活动室上课），运用语言引导学生进入一个需同时用视觉、听觉、嗅觉感知的具体的情境。

师：现在让我们一起来进行自我暗示放松训练。首先，请你调整自己的坐姿，让自己处于一个比较舒服的状态，然后闭上你的眼睛，深呼吸。深深地吸气，慢慢地吐气，再深深地吸气，再慢慢地吐气，让心情随着呼吸渐渐平静。

想象自己正坐在沙滩上，沙子细细的、软绵绵的，抬头望去是一片蓝蓝的天空。天空中有一群又一群的鸟儿飞过，鸟儿们扇动着翅膀，发出整齐划一的声音。此时，海风伴随着小小的海浪向你吹来，海浪发出哗哗哗哗的声音。

太阳照向你的腹部，照在你的肩膀上，照在你的手上，照在你整个身体上，很温暖，很温暖。

现在我准备数数，当我数到三的时候，请你微笑着慢慢地睁开你的眼睛。一、二、三。（催眠结束后）在刚刚进入的情境中，大家注意到的是什么呢？请同学简单分享。

（生分享，略）

师：有的同学首先注意到的是细细的软绵绵的沙子，有的同学首先注意到的是鸟儿们扇动翅膀的声音以及海浪的声音，有的同学首先注意到的是蓝天、白云……为什么大家注意到的画面各不相同呢？

师：那是因为人的学习类型是有差异的，有的同学更擅长视觉型学习，有的更擅长听觉型学习，有的更擅长触觉型学习，因此不同的人关注的画面各不相同。

【设计意图】用轻度减压催眠的方式创设画面，帮学生适当适时地解压，消除戒备心理，思考造成关注画面不同的原因，关注感知模式与学习风格，引出本课话题。

二、走近脑科学

1. 观看视频，了解三脑理论

学生观看视频，了解三脑理论的基本框架，深入了解大脑的微观结构，理解大脑运行机制及刻意练习的原理。

2. 讲解左右脑分工理论

老师运用课件展示左右脑分工理论的图片，并简单讲解。

斯佩里教授提出，人的左脑主要从事逻辑思维，负责处理文字、语言、数字、顺序、逻辑等分析性信息。右脑主要从事形象思维，负责处理图像、感情、音乐、想象等综合性信息。

【设计意图】向学生介绍三脑理论与左右脑分工理论，引导学生理解大脑运行机制，认识高效学习需要全脑协作及刻意练习，为下一环节做铺垫。

三、体验视觉化的魅力

请学生列出个人认为影响自身学习非常重要的因素，并从中选择八个重要因素。例如，时间管理、睡眠、课堂成效等，然后创建平衡轮（见图 1）。

针对每一格，请你问自己：“现在我对这个方面的满意程度是多少？”请用 1—10 分进行打分。

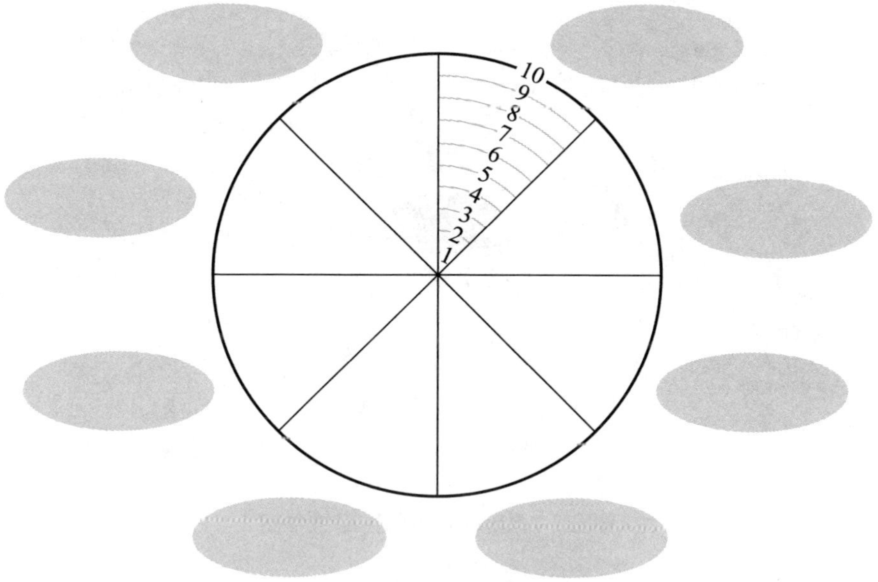

图 1　平衡轮参考图

师：请举起你的平衡轮并仔细观察，你觉察到了什么？（生答略）

师：在观察平衡轮这个过程中，你的感受是怎样的？（生答略）

【设计意图】平衡轮是一个帮助人理清现状的教练工具。让学生绘制自己的平衡轮，可以引导学生体验视觉化的魅力，为下一环节做铺垫。

四、掌握视觉化的工具

1. 观察思维导图，思考并分享

师：请大家用五分钟时间阅读《如何利用碎片时间，和别人拉开距离》。再观察温雷英老师根据这篇文章绘制的思维导图（见图 2）。

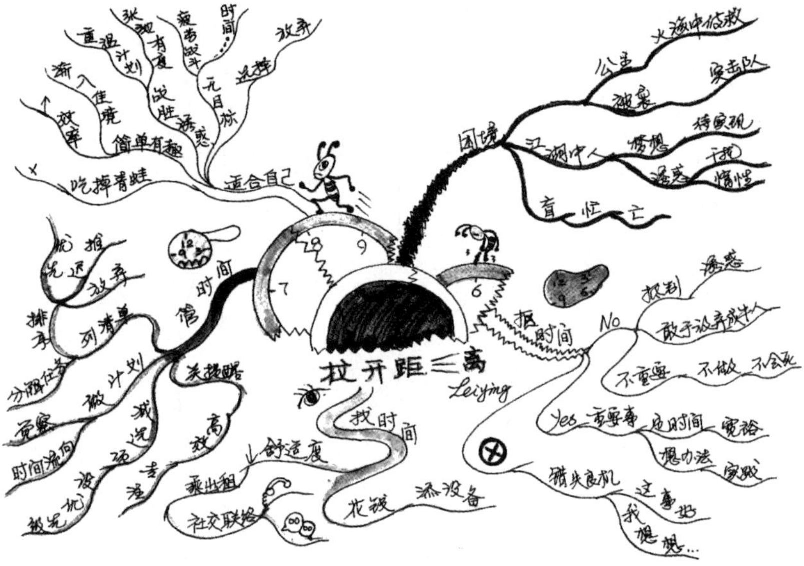

图 2 “利用碎片时间”思维导图

请思考并分享：

①在浏览思维导图前后，你的感受有何不同？

②这幅思维导图最触动你的是哪一个分支？为什么？

③如果让你根据这篇文章绘制一幅思维导图，你觉得必须达到什么标准呢？你认为该如何画呢？

【设计意图】引导学生探索、感知思维导图的特点与优点。

2. 讲解思维导图的基本概念和功能

教师借助图 2 的思维导图，讲述东尼·博赞先生提出的思维导图的基本概念，分享其功能。

思维导图可以模拟思维过程。创作思维导图时需要全脑协同思维，这与大脑在思维过程中神经元在大脑中寻求新的连接相一致（这在前面的视频中详细介绍过）。人脑思维是多面的、发散性的。画思维导图时，主干会延伸出去形成次一级的枝干。教师应鼓励学生为加上去的枝干填充更多的内容。因为思维导图中的所有内容都是相互关联的，所以它能帮助大脑通过联想更好地理解和想象。

【设计意图】强化思维导图的特征等基本概念，激发学生使用思维导图的兴趣。

3. 绘制思维导图

让学生自行选择《道德与法治》课本中的内容，绘制思维导图。

【设计意图】让学生通过绘制思维导图这一实践活动进行体验并输出成果。

师：接下来，就让我们借助思维导图，加强刻意练习，为我们的学习赋能！

[课后延伸]

1. 在接下来的 21 天中，让学生每天自选任一学科的任一知识点绘制思维导图，并撰写觉察日记。

2. 21 天后，可以在班级举行思维导图分享总结会。

[反思与总结]

本节班会课借助脑科学原理帮助学生优化学习方法，让学生通过听音乐、创设情境等方式调节课堂情绪，建立信任的课堂环境，营造融洽的课堂氛围，鼓励学生表达自己的真实感受。之后，教师通过提问、分享等方式，善用教练技术，进行高效对话，培养学生的自我觉察能力。最后，结合学生在学习生活中遇到的实际问题，培养学生在最近发展区进行全脑协作及刻意练习，提高自我管理能力。

作为授课教师，我感觉本节课在实际教学实践中仍存在不足之处。例如，在学生绘制自己的平衡轮和思维导图时过度限制时间，影响了学生的体验。特别是在绘制思维导图时，学生需要更多的时间去体验、创作，以便日后更好地掌握这一工具。

“课后延伸”部分设计了“在接下来的 21 天中，让学生每天自选任一学科的任一知识点绘制思维导图，并撰写觉察日记”。该活动的设计意图在于让学生进行刻意练习，初步掌握思维导图。21 天后，教师应当引导学生掌握思维导图，学会结合实际情况使用这一工具。

» 广东省广州开发区外国语学校　麦煜晗

5. 快乐学习的源泉
——体验学习心流主题班会

[班会背景]

初三学生需要面对人生的第一次大考——中考。在这个关键时刻，学生是否已经做好准备了呢？随着自我意识觉醒并不断强化，他们期望自己的想法都能得到认可或实现。但是他们毕竟缺乏社会经验和知识储备，因此很容易遭遇失败。

面对来自社会及他人的否定，初三学生容易产生焦虑情绪。一方面，他们急切地想证明自己；另一方面，家庭、学校和社会在无形中会给他们制造一定的压力。由于长期受焦虑困扰，或成绩无法达到期望，初三学生容易出现消极“怠学”的现象。一部分学生因此提不起学习兴趣，对自己刚开始树立的学习目标也产生怀疑，陷入心理上的习得性无助。

初三学生具有强烈的自我独立性，要帮助他们克服习得性无助就必须激发他们的内驱力，帮助他们找到快乐学习的源泉。有心理学家认为心流体验指全身心投入、忘记外部世界，内心得到巨大满足和深层愉悦的状态。所以，激发学生在学习上产生心流体验，有利于激发他们持续学习的动力，帮助他们在挑战中感受快乐，逐步实现自己的中考目标。

[班会目标]

1. 知识与认知目标：帮助学生了解什么是心流以及心流体验产生的条件。

2. 方法与能力目标：通过调查问卷了解学生目前的学习状态，小组讨论、归纳心流体验产生的条件，并通过迁移能制作自己的学习心流体验行动计划表，从而在学习中找到快乐源泉。

3. 情感与态度目标：通过帮助学生找到心流体验产生的条件，真正激发学生乐学的兴趣。

［课前准备］

1. 调查问卷。

2. 小奖品。

［班会过程］

一、学习，我想对你说

师：孩子们，今天的班会课我们先来做一个小游戏——走迷宫。这是迷宫图（略）。这里有三个入口，一个出口。在迷宫各条路上都放置了宝箱，想想从哪个入口进入，走哪条路，既能找到出口，又能得到最多的宝箱。我们看谁能又快又准确地找到，完成后可以在我的奖品箱里面抽取一个奖品。（老师根据实际情况，设置奖品。学生交流游戏的心得、感受。）

师：孩子们，想再来一次吗？想再一次发起挑战吗？

生：想！

师：为什么想呢？

生 1：因为想赢。

生 2：因为挺有趣的。

生 3：因为还想赢奖品。

师：孩子们，想让学习也像玩游戏一样吗？

生：那当然想了。

师：孩子们，在刚才的游戏中，我们为了获得奖品（目标），在整个过程中注意力都高度集中，精神亢奋。无论是否得到奖品，我们都想再来一次。为什么呢？简单来说就是我们感受到了快乐。在心理学中，这种人们专注地进行某种行为时所表现的心理状态叫心流，或者叫最优体验。如果一个人将精力完全投注在某种有一定挑战性的活动中，他就会拥有某种心流，完成任务后内心极具快乐感。这种快乐感是怎么产生的呢？学习中是否也可以随时找到这种感觉呢？我们这节课的目的就是帮助大家找到快乐学习的源泉——体验学习心流。

在开启探寻之旅前，我们要对自己目前的学习状态有个清醒的认识，这样更有利于我们到达目的地。下面几个问题，希望同学们如实回答。

1. 这段时间，学习让我感觉________

A. 很紧张，很充实

B. 很紧张，很疲劳，但收效不大

C. 不特别紧张，但收获不少

D. 不紧张也没有什么收获

2. 是否有明确的中考目标？

A. 有，并且朝着目标在努力　　B. 有，但是离目标很遥远

C. 有，但是还不明确　　D. 没有目标

3. 你为此制订好计划了吗？

A. 已经制订好详细计划　　B. 已经制订大概计划

C. 只是大概想了一下　　D. 没有制订

4. 此刻面对中考目标，你有信心吗？

A. 信心十足　　B. 有信心，但又担心考不上

C. 没信心，但是想努力　　D. 没信心，也不想努力

5. 你对自己目前的学习现状是否满意？

A. 很满意　　B. 比较满意

C. 不满意，并且很焦虑　　D. 无所谓

6. 一想到“学习”，你首先想到哪个词语？

A. 快乐　　B. 平静

C. 疲倦　　D. 痛苦

7. 你期望的学习状态是怎样的？

A. 快乐并享受　　B. 疲倦，但能劳逸结合

C. 痛苦，但可以坚持　　D. 平静，好坏无所谓

8. 可以画一个脸谱表达你现在的心情吗？

计分标准：

1—7 题，选 A 得 5 分，选 B 得 3 分，选 C 得 2 分，选 D 得 1 分。

自评标准：

25—35 分：有学习目标，并正在为此目标而努力，对目前的学习状态是比较满意的。

15—25 分：有学习目标，愿意为此目标而努力，但是感觉到了困难，对目前的学习状态是感到焦虑的。

15 分以下：没有目标，也不愿意努力。目前对学习毫无兴趣。

【设计意图】通过小游戏，调动学生的情绪，最主要的是让学生在有任务、有奖励的游戏中感受全情投入的心流体验。初三上学期，学生面对中考会有一些压力。那么面对学习压力，学生的心理状态是怎样的呢？学生通过调查问卷，学会认识自我，以便接下来根据现状来调整自己的状态，改善自己的情绪，改变行动，从而达成目标。

二、探秘快乐

师：孩子们，通过回答上面几个问题，你们觉得自己当下的学习状态是怎样的呢？我想请几位同学分享一下。

生：我觉得学习有点儿痛苦。

师：让你痛苦的点是什么？

生：每天要完成的学习任务很多，越多就越乱，越乱就越完不成，完

不成又害怕被老师批评，心里太痛苦了。

师：在完成作业这件事情上，你觉得是你主动多一点儿还是被动多一点儿？每天对完成作业是否有一个合理的时间安排呢？

生：没有安排，所以很乱。

师：谢谢你的坦诚。被动地接受任务，没有合理安排时间，完不成任务的挫败感，这些就造成了你的痛苦。你想找到学习的快乐吗？

生：当然想啊。

师：谢谢同学的精彩分享。我能感受到大家都想在学习成绩上有所进步，希望实现自己的目标。只是在这个过程中，我们遇到了各种各样的困难或诱惑，内心的秩序感被打乱，找不到学习的愉悦感。那我们就要想办法建立自己内心的秩序感。米哈里·契克森米哈赖就曾定义幸福源自我们内心的秩序感。这里我介绍一个非常有意思的物理学概念，叫作熵。熵能度量体系的混乱程度。比如说，教室在开学之前，它的熵值是很低的。随着我们进来，在这里上课，摆了很多书、学习用品等，你就会发现教室变得更乱了。也就是说，教室的环境熵增了。人在生活当中很容易情绪熵增，刚才调查到同学们在学习中遇到困难就是一种情绪熵增。因此米哈里·契克森米哈赖提出了一个非常重要的概念，叫作“精神熵”，就是我们精神的混乱程度和我们人生的痛苦程度是相关的。精神熵的反面就是最优体验，也就是心流。

接下来，我们就来探寻怎样在情绪熵增时，重新建立精神秩序，从而让自己感受到快乐。要建立秩序，我们先来探究一下最优体验——心流的要素有哪些。我想请每位同学想一件你在学习中感受过的真正快乐的事情。你会产生这种快乐的条件是什么呢？想好之后小组交流。

【设计意图】请学生分享情绪体验，让他们通过反观自己，倾听他人，来发现学习中存在的问题。最重要的是激发他们对快乐学习的欲望。然后分享他们的心流体验，总结产生心流体验的条件。

三、设置快乐编码，让学习快乐起来

师：现在，我邀请小组代表来分享一下你们小组特别有代表性的学习心流体验事件，以及你们总结的心流体验式学习产生的条件。

生：有一次，我做数学作业遇到一个难题，想了好久都没有做出来。但是我觉得我可以完成，就没有放弃，一直演算，结果直到天亮才做出来。我感到特别开心，熬了一晚上都不觉得累。来到学校受到老师表扬更让我高兴。所以我觉得心流体验式学习应该有一定的挑战性，但是自己有信心完成，做事的时候特别专注，完全忘记了时间。

师：这一组分享特别好。有事例，有结论。（其余组分享，略。）

师：根据同学们的分享，现在我们总结出产生心流体验的条件：一是有明确的目标；二是围绕目标设置具有一定挑战性的具体活动或者任务；三是全情投入；四是及时回馈。

孩子们，我们找到了产生心流体验的条件，也就找到了快乐学习的源泉。接下来我们就来感受一下心流体验式学习给我们带来的快乐。第一，明确的目标：背诵圆周率；第二，具体任务：预计 1 分钟之内你可以背诵小数点后多少位；第三，全情投入：每位同学自行背诵，不得互相干扰；第四，及时反馈：时间到了之后，同学之间相互背诵。记住位数最多的前 5 位同学可以加 1 到 5 分；比预期背诵得多的同学加 1 分。

师：挑战结束，我们来总结一下完成情况。首先问大家一个问题：在刚看到任务的时候，觉得自己可以完成的请举手。

师：看来很多同学超预期完成了任务，都得到了成长。那其他的感受呢？（生答略）

师：孩子们，通过刚才的体验，很多同学都比预期完成得要好。在背诵的过程中，大家全情投入，并且及时反馈，所以你们就能感受到学习的快乐。而这一专注的状态就是心流——最优体验。孩子们，还记得刚才做的学习小调查吗？现在我们将小调查里面的目标、状态按照心流产生要素重新编码，建立好我们的内在秩序，让我们的学习快乐起来。首先，中考的目标学校是不是你自己真的想去的呢？这个目标是高还是低？为了实现这个目标，你有没有拆解、细分每个阶段的小目标，甚至制订每天的学习计划？为了让自己更专注，你需要舍弃一些什么？每完成一个目标给自己的奖励是什么？现在我给大家一个快乐学习行动表（见表1），请大家树立“自己想要实现的”“够得着”的目标，落实行动，及时给予自己合理的奖励，开始我们的快乐学习之旅。

表1　快乐学习行动表

姓名		班级	
我的目的地（想要挑战的一个学习目标）			
我的出发站（目前学习情况）			
我的经停站	时间点	目的地	收获的风景（奖励）

【设计意图】让学生了解心流体验产生的条件，在课堂上感受心流体验带来的快乐。让学生制作自己专属的快乐学习行动表，可以帮助他们不断获得学习的乐趣。

［课后延伸］

1. 在班级公示栏设置心流成果交流区，学生可以将自己感受的快乐学习事件进行分享。

2. 阅读《心流：最优体验心理学》。

［反思与总结］

1. 在走迷宫活动中，因为没有真的拿奖品出来，所以学生的积极主动性不够，建议老师提前告知学生具体有哪些奖品。

2. 在“画一个脸谱表达你现在的心情”活动结束后，后面没有呼应的地方。在学生背诵圆周率后，老师可以让学生再画一下自己当时的心情，这样可以做一个对比。

3. 学生理解心流有一定的难度，老师可以结合学生熟悉的生活事例进行说明。

》四川省广安市岳池县石垭中学　谢静

6. 备考宝典
——增强中考备考技能主题班会

[班会背景]

中考倒计时两周时，所有学科复习工作已接近尾声，学生进入更加紧张、焦虑的备考状态。有的学生不知道自己目前是否还有知识漏洞，最后两周该如何规划，对即将到来的中考没有信心。为了缓解学生的焦虑感与无助感，帮助他们及时调整备考情绪与状态，进入更加科学、有效的复习冲刺阶段，特安排本节班会课。

[班会目标]

1. 知识与认知目标：帮助学生正确认识有效的备考策略对中考的重要性，引导学生用积极的心态、有效的备考方法应对考试，充分调动学生中考前最后两周备考的积极性。

2. 方法与能力目标：通过课前小测，让学生在实操中发现自身备考能力的不足。通过情境模拟演练，让学生体悟考场氛围与答题时如何进行心态调整。通过小组讨论、组长分享经验等，提升学生的中考备考技能。

3. 情感与态度目标：帮助学生端正考试态度，打造健康的备考状态，增强考试的成功感和自信心，发掘其潜能，帮助学生在最后的奋斗和坚持中实现自我突破。

[课前准备]

1. 请科任老师参与设计一份课前小测题目（根据不同学科设计不同试卷、不同题型、不同分数）。

2. 班主任准备一份两周计划模板。打印备考宝典表。

［班会过程］

一、课前小测，导入主题

5分钟完成测验，老师提供标准答案，试卷满分20分，小组成员互相打分。

①表扬、鼓励获得满分的学生。

②小组派出代表分享自己或同桌在做这套试题过程中有哪些优势与不足。

【设计意图】结合各个学科特点，设计一份以基础但易被忽视的考点为主的题目，引导学生在中考前最后两周注意回归课本、书写工整及关注解题规范，帮助学生从这份测试题中发现自己的亮点与不足。通过表扬、鼓励满分学生，提升满分学生学习的信心以及动力，同时激发、唤醒其他学生在最后两周学习的内驱力。再让不同小组成员从自身学习状态、答题时间分配、知识漏洞、答题技巧以及紧张程度等方面，发表自己的看法。

师：从同学们的发言中，我们发现中考前最后两周的备考是十分重要的。我们要知道自己还能做哪些准备，如何最有效、最快提高自身能力。今天，我们一起进入备考宝典——增强中考备考技能主题班会。

二、因势利导，明确目标

树立信心，制订计划（最后两周我们还能做什么？）

第一，请科任老师担任指导嘉宾，让学生以小组为单位，根据个人实际情况，共同思考未来两周应如何确立自己的学习目标，调整努力的方向，明确自身实力与中考目标学校分数之间存在的差距，制订一份详细的备考计划。

第二，老师根据每个人填报的志愿以及历次模拟考试成绩，引导学生制作一份未来两周详细备考计划表，并落实到每日计划中，利用好边角时间。

第三，班主任和科任老师一起指导学生填写计划表（全员参与，落实到每一天）。

三、小组探究，共商对策

分组讨论，实施方案（最后两周我们应该怎么做？）

此时，学生已初步拟定计划。在课堂上，将学生分为三个小组，让他们分别思考、总结出具体的实施方案，先由组长分享，其他组员补充，老师总结（见表 1）。

表 1　各小组讨论的话题

小组	A 组	B 组	C 组
讨论的话题	学习方法	生活指导	心态调整

A 组（学习方法）：

按照计划有效复习，尽可能趣味化、多样化并及时反馈、总结，在复习过程中再次强化、加深理解知识点，从而体会学习的乐趣，获得成就感。

①“培优补差”。在最后两周备考阶段，学生要清楚了解自己的优势科目和劣势科目，要思考如何在时间上保持平衡。要想明白在突破劣势科目的前提下，如何做到全面兼顾，并保持住优势科目，毕竟中考追求的是总分最大化。

②“题不二错”。从做过的错题中找错因、查考点、写框架、求反思、广拓展，通过大量积累实现同一类型的“题不二错”。让“题不二错”本从薄到厚，再从厚到薄，真正做到一题多解，融会贯通。

③回归课本。从课前的小测以及平时测验中，我们知道课本上的知识点、概念、定理甚至是例题都是非常重要的，无论试题怎么变化，万变不离其宗，再难也是对教材知识的理解、运用与考查。

④形成知识网络。通过把握教材，复习“题不二错”本，我们既能把基础知识掌握得牢固，又能做到融会贯通，并且通过思维导图等学习工具梳理清楚每一章节、每一本书、每一学科的知识网络，从整体上把握中考考点方向，这样才能真正做到高屋建瓴、轻松应考。

B 组（生活指导）：

①饮食方面：注意营养均衡，按时吃饭，保证一日三餐。如巧克力、糖果等小零食也可以带在身边，偶尔吃一点儿，可缓解压力。

②体育锻炼：参加适量的体育活动，增强体质，但不可做过量、过激的运动，以免发生意外。

③劳逸结合：把自己的生活调整到最佳状态。比如，看看课外书、听听音乐、打打球、找朋友聊聊天、适当放空、冥想等。

C 组（心态调整）：

①正确认识考试。

②有必胜的信心和决心。

③漫长的学习过程就像跑马拉松一样，越到最后关键时期越容易懈怠，这时特别需要再努力一下。要用竞争和搏击的心态在最后关头给自己加油，不要松懈，要持之以恒，坚持就是胜利！

师：（小结）学习要注意劳逸结合，持之以恒。

【设计意图】引导学生针对自己的学习状况提出目标，明确努力方向，对自己的学习将达到什么样的水平有个大致的设想，同时结合自身的特点找到切实可行的备考方案，由导师给出具体指导意见并负责后续跟踪、及时反馈。本环节学生可能并不是按照老师设定的顺序或者关键词来回答的，需要老师及时引导、总结。

四、情境模拟，轻松应对

万事俱备，只欠东风（走进考场遇到特殊情境应该怎么做？）

师：每个同学都高度重视考前两周的备考，要把每一天的计划落实到位，调整好自己的心态，将适当的压力变为动力，以最佳的精神面貌和充足的准备来应对两周后考场上的每一科考试。然而，考场上发生的一切或多或少会影响你发挥。接下来我们模拟考场上可能发生的几个情境，大家可以和组长、导师商量对策，与我们分享（见表 2）。

表 2　考场情境模拟表

情境	我如何应对	
情境①	在中考考场上，你翻开一套试卷，在阅卷的时候就发现有很多题型没有见过，完全没有思路，该如何调整自己的心理状态？	考中
情境②	在中考考场上，你旁边的同学感冒了，一直咳嗽，影响你的答题思路，该怎么办？	
情境③	第一场考试结束，交完卷听到同学核对选择题答案，你发现自己和他们的答案都不一样，该如何调整心情才能不受影响？	考后

【设计意图】让学生意识到考试不仅考查学过的知识点，还考查一个人的心态、应变能力等方面。考试时你会遇到很多意想不到的状况，因此老师设计以上几个问题，供学生讨论。本环节可根据班会课时长进行调整，也可放到下一节班会课。

五、总结归纳，形成宝典

可用 A4 或者 8K 纸把备考宝典表（见表 3）打印出来发给学生。一式两份，一份做草稿，另一份在班会课后让学生填写。学生可以自行增减内容，以便形成适合自己的宝典。

表 3　备考宝典表

星期 时间	周一 6.15	周二 6.16	周三 6.17	周四 6.18	周五 6.19	周末 6.20、6.21	备注
早读前							
午饭前							
睡前							
辅导①							
辅导②							
晚饭前							
晚修后							

星期 时间	周一 6.22	周二 6.23	周三 6.24	周四 6.25	中考		备注
早读前							
午饭前							
睡前							
辅导①							
辅导②							
晚饭前							
晚修后							

宝典		我该怎么做	备注
	生活上	① ② ③ ……	
	学习上	① ② ③ ……	
	心态上	① ② ③ ……	

[课后延伸]

1. 利用课余时间完善个人复习计划。

2. 在考前一周，再上一节备考班会课（主题是应试技巧），进行模拟演练，包括准备考试物品，熟悉从进入考场到考试结束的完整流程。同时设计一套模拟试题，在难易程度以及提醒设置上要有所变化，以便学生能够应对考场上的不同情况。

[反思与总结]

本节班会课邀请了本班中考学科所有科任老师。对学生来说，陪伴了他们至少一年的老师能够全部走进课堂，能给予他们莫大的鼓励。因此，整节课学生的参与度、配合度都非常高。各个层次的同学都能参与其中，总体能掌握合理制订计划的基本方法。

在班会课的实施过程中，我发现一些不足之处。例如，学生在分享最后两周应该怎么做时，个别学生出现茫然、不知所措的情况。有的学生想做很多事，但不知从何做起。面对这些情况，班主任应提前给学生提供更多方向性指导及广泛性选择。班主任在课堂上邀请科任老师分享调整学习状态的方法，给予学生力量。还可以通过请学长、学姐现场送祝福或播放视频等途径，调动学生的热情。

班会设计的计划表只限定了学生在校的一些边角时间，而课堂及周末时间也很重要。班主任要引导学生合理规划作息时间。因此，班会的计划表可以变为符合学生实际情况的有效模板。中考备考没有固定的方案，只有学生能持之以恒并严格地执行自己真正个性化的计划，才是合适的中考备考宝典。

» 广东省佛山市南海区石门实验学校　王松梅

自我篇

7. 应对有方，压力助我反弹
——科学应对学业压力主题班会

[班会背景]

学业压力是影响初三学生心理健康的重要因素之一。学生若采取恰当的方式积极应对，则压力可以转化为其奋发、前进的动力；若缺乏积极应对的心态和调节压力的方法，压力的强度过大，则可能导致学生出现生理上的不适并造成困扰。

在紧张备考的初三阶段，教师应及时引导学生正确认识压力，适当调节压力。这不仅有利于提高学生的成绩，还可以促进学生的心理健康发展。本节班会以及课后延伸活动，能助力初三学生提高心理能量，用积极心态应对压力，勇敢迎接人生的更多挑战。

[班会目标]

1. 知识与认知目标：通过做实验和学习理论，了解压力的双重作用和压力过大的原因。

2. 方法与能力目标：学会调节压力的方法并在实际情景中运用，如为自己制定合理的目标，纠正不合理的信念等。

3. 情感与态度目标：通过倾诉的方式宣泄压力，学会用积极心态应对压力。

［课前准备］

1. 学生每 8 人一组，将初三的压力以轻松、幽默的方式写下来，待班会时由小组代表分享。

2. 安排三个学生排演班会上的三个情景。

3. 准备用液压机压弹簧的视频。准备“压力转换卡”。

［班会过程］

一、营造综艺效果，轻松宣泄压力

小组代表上台模仿脱口秀节目，用调侃的口吻讲述初三面对的压力。

以下为学生分享示例。

生 1：学生的世界里就没有“容易”二字。不，有的！容易困，容易丑，容易忙到没朋友；容易饿，容易累，容易上课打瞌睡。容易作业写不完，容易焦虑掉头发，容易经常被比较，容易整天听唠叨。容易周末被排满，容易内分泌紊乱，容易被催交作业，容易失眠一整夜。

生 2：上天为我关上了数学的窗，很顺手，带上了语文的门，塞上了物理的排水口，还堵死了化学的下水道，封住了历史的烟囱，砌起了政治的围墙，就连英语的门缝儿都给我堵得死死的。对我来说，考试这种事情完全是“3 分”天注定，“7 分”靠打拼，剩下的 90 分只能看运气。但不巧的是，我的运气没有多好。每次我买饮料的时候，瓶盖上都写着“谢谢惠顾”。有一次考试的时候，我发现“惠”字不会写，然后就打开了带进考场的饮料瓶，结果瓶盖上写着“再来一瓶”。

生 3：最让我头疼的一个科目就是数学。每次上数学课的时候，我都有一种“众人皆醒我独醉”的感觉。只要数学老师一走进教室，我就仿佛看到了一颗会行走的安眠药。每次老师给我们讲解数学题的时候，都会出现一个非常神奇的现象——我眼睛一闭一睁，老师一黑板就写完了，然后我就眼睁睁地看着老师把一堆英文算成了一个数字。我感觉上数学课就

是老师以 Wi-Fi 的速度在传输，学霸以 5G 的速度在接收，而我以 2G 的速度卡在那里一动也不动，最后还掉线了。每次考试做到最后一道大题的时候，我都会非常潇洒地在卷子上写一个“解”字，然后就去检查其他题了。我感觉数学考试就像雪碧一样，考前心飞扬，考后透心凉。尽管如此，我仍然感觉我爱上了数学老师。因为有专家曾经说过，在心爱的人面前，智商会变成零。

生 4：每次学霸说考砸了，我都以为他和我一样考不好，但成绩一出来，他还是第一，我还是倒数。这时我会觉得学霸欺骗了我，然后我就会醒悟，原来学霸的考砸是扣一分，而我天真地以为他和我一样不及格。最后，小丑竟是我自己。学霸做题靠想靠算靠解，而我做题靠猜靠蒙靠运气。学霸考试靠实力，而我考试靠想象力。学霸考试的目标“保二中一”，而我重在参与。

【设计意图】让学生模仿脱口秀节目，将初三的压力用吐槽的方式进行宣泄。这样幽默诙谐的形式、轻松活跃的气氛，不仅能激发学生的兴趣，调动学生的参与积极性，还能帮助学生通过倾诉缓解压力。

二、实验结合理论，辩证认识压力

师：感谢这几位小组代表，说出咱们初三遇到的压力，把我们逗得捧腹大笑。现在我采访其中一位同学，请问这次上台发言，你有压力吗？

生：有压力。

师：在有压力的情况下，你这几天是怎么做的？

生：积极准备，不断练习，力求展现最好的状态。

师：所以你刚才表现得特别棒！由此我们可以看出，原来压力也不一定是有害的，有时它反而可以促使我们向着目标努力，获得更好的结果。

学生做实验：两人一个弹簧，用大小不同的力压弹簧，感受弹簧被压缩的程度越大，反弹力越大。

师：压力越大越好吗？

（播放用液压机压弹簧的视频）

师：在视频中液压机给弹簧施加的压力太大，超过了弹簧的弹性限度，于是弹簧不能再恢复原状，失去了弹力。

课件显示：耶克斯—多德森定律（见图 1）。

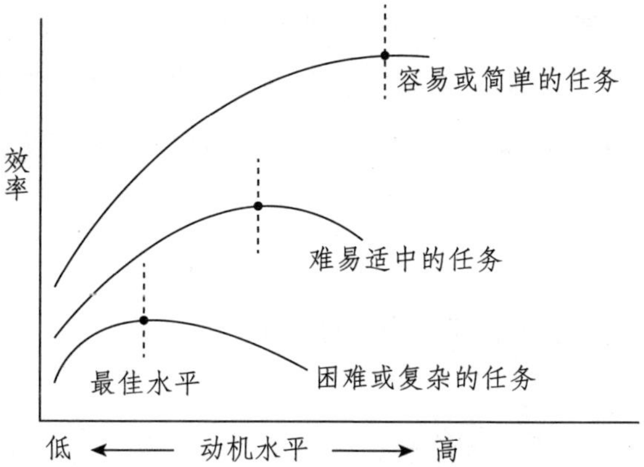

图 1　耶克斯—多德森定律

学生讨论并在教师引导下得出以下结论。

第一，无论任务的难易程度如何，学习压力处于适宜强度时，学习效率最佳；学习压力过小时，缺乏学习的积极性，学习效率很低；学习压力过大时，会导致过度焦虑和紧张，影响记忆力和思维能力，所以学习效率反而会随压力继续增大而下降。

第二，在完成容易或简单的任务时，学习压力比较大，学习效率才可能达到最佳水平；在完成难易适中的任务时，动机强度处于中等水平，学习效率最高；在完成困难或复杂的任务时，学习压力较小，没有过多的心理负担，学习效率最高。

师：当我们在做简单的任务时，压力越大，效率或表现就越可能达到最高水平，所以同学们请尽量给予自己更大的压力去做简单的事情。比如，每天听写英语单词时，我们应该设置时间节点，在短时间内以最高的效率去完成这个小任务。而面对困难或复杂的任务时，不要一下子就把完成的期望值定得太高。比如，知识综合性较强的中考，若压力过大，思维受阻，就容易发挥失常。我们不仅要根据自身情况设置合理的中考目标，而且要把中考目标分为阶段性的小目标，在每个阶段跳一跳就能摘到甜美的果子。

【设计意图】通过做弹簧实验，学生认识到适当的压力可以成为动力，但太大的压力则会让人失去动力。再结合耶克斯—多德森定律，学生知道应该根据任务的难易程度，适当调节动机水平的高低，从而获得最佳的学习效率。

三、转换消极心态，适当调节压力

三个学生分别表演三个情景。

情景 1

为了期末考试考出好成绩，小红刻苦学习，每天挑灯夜读。她认为这次考试她必须超越自我，考到班级前三名，否则这段时间的付出就白费了。

情景 2

小明数学考试不及格。他觉得自己不是学数学的料，再怎么努力也没用，决定放弃了。

情景 3

这次考试没达到自己预期的目标，小张情绪低落，觉得自己很失败，中考肯定也考不好，到时就考不上理想的高中了。

学生分析其中的不合理信念，思考如何用积极心态看待问题，重新表演。

以下为学生对情景进行修改的示例。

情景 1

为了期末考试考出好成绩，我刻苦学习，每天挑灯夜读。这次考试我尝试超越自我，努力考到班级前三名。如果没有完成目标，我也不会气馁，反而会坚持不懈，改进学习方法，争取早日实现目标。

情景 2

这次我的数学考试不及格，暴露了我有很多知识盲区。我会对错题进行具体分析，复习相关知识点，练习类似题型，努力实现数学科目的逆袭。

情景 3

这次考试没达到自己预期的目标，我情绪很低落。但我会逐渐调整状态，根据这次考试的情况，查漏补缺，好好反思，相信下次考试一定会有所进步。每次考试前进一小步，中考就能前进一大步。

【设计意图】修改前的情景 1 体现了不合理信念中的“绝对化要求”，情景 2 体现了不合理信念中的“以偏概全”，情景 3 体现了不合理信念中的“糟糕至极”。学生通过分析、修改三种情景，学会纠正不合理信念，正确看待问题，培养积极心态，适当调节压力。

四、省视自我内心，积极应对压力

师：请同学们结合刚才班会的内容，填写“压力转换卡”（见表 1），思考能否转换观念，将压力转化为动力。

表 1　压力转换卡

哪些事情让我觉得压力很大	
这些事情之所以让我感觉压力很大，是因为我这样想	
让压力助我反弹，我可以这样想	

学生填写完毕后，学生代表展示交流。

【设计意图】学生通过填写表格，反思自己压力太大的源头和原因，运用本节班会所学知识，调整心态，积极应对压力，将压力转化为成长的助力。

[课后延伸]

在教室设置“压力转换站”，分为“压力区”“转换区”和“加油区”。征得学生同意后，将有代表性的“压力转换卡”进行粘贴。学生感觉压力过大时，可在“压力区”书写宣泄。其他同学可以在“转换区”以积极的心态和正确的观念分析该同学的压力，也可以在“加油区”对该同学进行安慰和鼓励。

【设计意图】设置“压力转换站”，能促使班会的内容落地生根。粘贴有代表性的“压力转换卡”，能起到示范作用。“压力区”让学生有宣泄的空间；“转换区”让学生能运用班会上所学内容，积极应对压力；“加油区”给予学生心理能量，并形成温暖、友爱的班级氛围。

[反思与总结]

1. 关于吐槽环节学生发言的内容，教师在课前应进行审查和指导，以防出现偏激或不文明的言论，让班会在轻松、愉悦、健康、和谐的氛围下拉开序幕。

2. 对于耶克斯—多德森定律，教师要引导学生得出其中一条结论：我们不仅要根据自身情况设置合理的中考目标，而且要把中考目标分为阶段性的小目标，在每个阶段跳一跳就能摘到甜美的果子。本次班会没有针对此结论继续展开，需要通过后续班会引导学生学会制定合理目标。

3. 情景表演环节，应着重指导学生讨论、分析三个情景中的不合理信念，并反思自己，在修改情景的过程中学会纠正不合理信念，正确看待问题，培养积极心态。

4. 学生对压力的应对和调节需要长期练习和巩固。课后在教室设置“压力转换站”，可以将班会课的内容进行长期应用和深化，让积极应对压力的态度和方法在学生内心落地生根。

» 陕西省西安高新唐南中学　黄嘉霓

8. 停滞还是前进？

——培养成长型思维主题班会

[班会背景]

初三阶段，学生不仅有升学的压力，还有诸多挑战。初三学生自我认知逐渐发展，自我调整的能力也在增强。部分学生受固定型思维模式影响，害怕面对挑战和挫折，总是选择逃避问题；部分学生觉得自己学习没有天赋，不愿意努力，觉得努力是没有用的，也不想改变自己。思维模式不仅影响学生当下的学习状态，还会影响学生未来的发展和选择。因此，帮助初三学生理解固定型思维模式和成长型思维模式的概念，引导学生分析自己的思维模式，能更好地帮助学生了解自己并运用成长型思维模式来面对挫折和挑战。本节班会的意义在于引导学生遇到问题时能合理地分析、处理问题，并逐渐培养成长型思维模式，知道努力是有意义的。

[班会目标]

1. 知识与认知目标：理解固定型思维模式和成长型思维模式的概念，知道这两种思维模式的具体表现特点。

2. 方法与能力目标：通过游戏和活动体验，引导学生分析自己的思维模式，知道遇到问题该如何合理地分析、处理问题，并逐渐培养成长型思维模式。

3. 情感与态度目标：理解并运用成长型思维模式面对挫折和挑战，体验成长的愉悦感。

［课前准备］

1. 准备若干筷子、碗和豆子等道具，在教室前面摆好一排桌子（八张），相隔一米再摆好八张桌子。

2. 了解学生在遇到困难和挫折时的想法。

［班会过程］

一、故事导入，引入主题

在导入故事前，先提出问题：故事的主人公为何难以突破，停滞不前？

小提琴家娜佳·萨莱诺－索南伯格在 10 岁时被称为“神童”，因为她小小年纪就能够与费城管弦乐团合作完成自己的小提琴处女秀。后来她到茱莉亚音乐学院跟随小提琴教育家多萝西·迪蕾学习，她才发现自己的小提琴基本功不到位，但是她拒绝改变。

在此期间，她不断看到其他同学赶上甚至超越了她，在接近 20 岁的时候，她的自信心严重受挫。

再看一个故事，提出问题：你觉得他为何能持续前进？（选择某成功人士的故事，略。）

读完故事后，老师让学生分享各自的看法，并引出固定型思维模式和成长型思维模式的概念。

固定型思维模式者认为，聪明才智等能力是天生的，后天无法改变。他们只会对反映其能力高低的反馈展现兴趣，害怕被评价，害怕冒险，遇到挑战就会退缩，担心自己出丑，只做能力范围之内的事情，思想被自己封住了。而成长型思维模式者认为，天赋只是起点，人的才智通过锻炼可以提高，只要努力就可以做得更好。

老师列出这两种思维模式的一些具体表现。

1. 固定型思维模式

固定型思维模式者在面对困难和挑战时，容易放弃，并且对放弃的行为振振有词。

他们往往心中具有深刻的恐惧感，认为如果需要付出努力才能做成一件事，意味着自己能力不足，因此他们会在失败时力图证明自身没有努力。

他们往往对周围人的评价和看法非常敏感，非常在乎失败和挫折是谁的责任而非失败的原因，因此这类人总是喜欢推卸责任或是责备自己。

这类人见不得别人做出成绩，害怕与自己亲近的人超越自己，甚至认为别人成功意味着自己失败。

2. 成长型思维模式

成长型思维模式者很喜欢尝试新鲜事物和迎接挑战，因为他们把挑战看作成长的机会。

他们以努力为荣，认为努力就是激发能力的手段。而且，他们倾向于将他人的意见和批评当作一种帮助自己改进的反馈。

他们从来不太看重失败的责任究竟应该由谁来承担，而是积极寻找失败的原因。当看到别人成功时，他们会积极从别人的成功中学习和吸取经验，把它们变成自己经验的一部分。

学会区分这两种思维模式（见图 1）。说说这两个故事的主人公分别属于什么思维模式，这对他们的成长有什么样的影响，并说说不同思维模式的利弊。

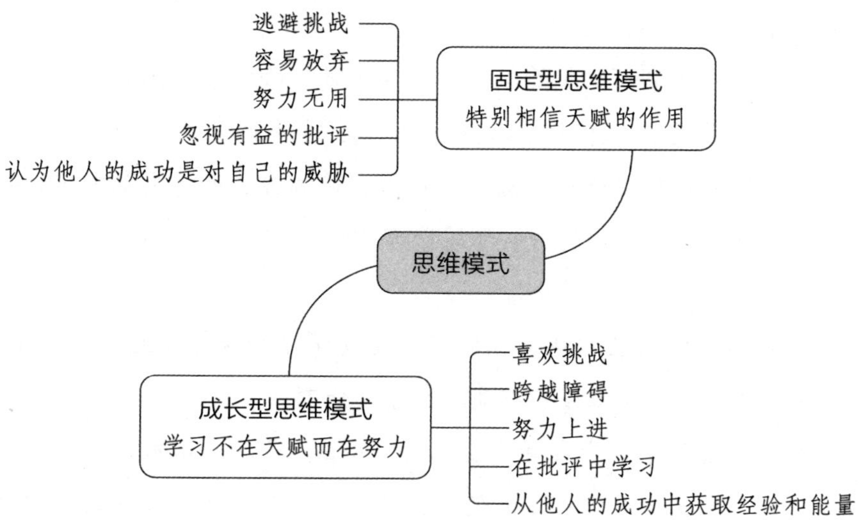

图 1　固定型思维模式和成长型思维模式的特点

【设计意图】以故事的方式导入，在讨论中调动学生参与的积极性，使其更好地理解两种思维模式。

二、活动体验，认知领悟

两人一组进行挑战，用筷子夹豆子，谁数量多谁就赢。赢的人站在一边，输的人站在另一边，然后老师问赢的人有谁愿意再次挑战，再问输的人有谁愿意再次挑战，并分别统计人数。

现场采访做出不同选择的学生，引导他们说出自己的感受，说说自己为什么愿意再次挑战或者不愿意再次挑战，并说说自己的这种感受属于什么思维模式，分析这样的思维模式有什么利弊。

师：（小结）为什么有的同学赢了或输了就不愿意再次挑战了？为什么有的同学不论输赢都愿意再次挑战？我们在平时的学习和生活中，会面临许多挫折和挑战，当失败或成功来敲门时，我们的思维模式会决定我们最终会走向何方。

教师再次统计愿意参加第二次挑战的学生人数。此时愿意再次挑战的学生人数变多了。

师：为什么愿意再次挑战的人数变多了呢？因为恐惧挑战的同学发现自己陷入了固定型思维模式，想要前进，就要从固定型思维模式中跳出来。现在他们愿意勇敢面对挑战了，将其转化为成长型思维模式了。那么具体该怎么做，才能转化为成长型思维模式呢？方法如下。

①在自己大脑里植入观念：你可以通过学习和努力改变自己的能力。如可以通过多次练习夹豆子，提高夹豆子的能力。

②在努力尝试中，学会寻找自己的“小成功”。如这次比上次多夹了一颗豆子，或者是今天尝试了新的夹豆子手势，对自己夹豆子的手势有更深的认识。

③在许多小成功中，累积自己的成长能量，这样在面临挑战和挫折时就更有能量去面对和跨越障碍。

【设计意图】通过活动任务帮助学生切实感受到思维模式的差异是普遍存在的。学生在以固定型思维模式思考问题时主要是为了寻求安全，而采用成长型思维模式思考问题时则无惧挑战，直面成长。

该设计将部分学生的固定型思维模式进行了巧妙修正并加以引导。

三、情景演练，学以致用

课件出示两种情景。

情景1：考试成绩出来后

你的考试成绩不如预期，你会怎么想、怎么做？成长型思维模式者会怎么想、怎么做？你该如何用成长型思维模式来思考和解决问题？

情景 2：中考新变化

体育分数要提升，你平时的体育成绩不怎么好，你会怎么想、怎么做？成长型思维模式者会怎么想、怎么做？你该如何用成长型思维模式来思考和解决问题？

每个情景都由同一位同学以两种不同的思维模式进行表演，其他同学观看。表演完毕由表演者分享角色感受，其他同学分组讨论出现不同思维模式的原因是什么，最佳的解决方案是什么。

分析和讨论结束后，教师总结对成长型思维模式的认识：第一，我们每个人都可能存在成长型思维模式和固定型思维模式。如果我们可以学会接受和认识自己的固定型思维模式，那我们就往成长型思维模式迈进了一步。第二，我们要观察自己的思维模式，并且理解自己当下的感受，及时调整自己的认知。第三，当我们发现固定型思维模式出现的原因，以及这种思维模式产生的不良影响时，我们就能更好地理解自己，并学会用成长型思维模式教育自己。学会和自己的思维模式沟通，让成长型思维模式来帮助自己更好地面对挫折和挑战，不规避，不退缩。

【设计意图】结合初三学生常见的情景，巧妙创设心理情景，让学生自主探讨该怎么处理固定型思维模式，以及如何培养自己的成长型思维模式。

[课后延伸]

教师引导每名学生根据自己的情况，用思维导图将自己的思维模式呈现出来。

活动过程：

1. 教师给每个小组分发彩色卡纸和彩笔，鼓励学生积极画出自己的思维模式。

2. 学生将自己的思维模式转化过程用思维导图呈现出来。

3. 把全体学生的作品贴在教室文化墙上展示一周。

4. 展示结束后，大家来聊聊自己受成长型思维模式影响后的想法和行动。

思维导图示例（如图 2）：

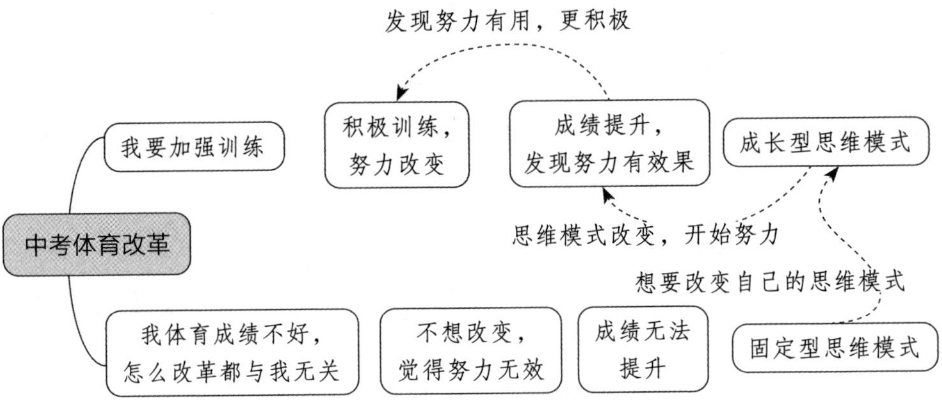

图 2　思维导图示例

【设计意图】通过课后延伸活动扩大班会课的影响力。教师可以根据学生展示的思维导图及时进行反馈，做出个性化指导，实现班会目标。

［反思与总结］

这节班会课的目标是希望学生能够认识成长型思维模式和固定型思维模式，在遇到问题的时候能利用成长型思维模式思考和解决问题。在上课的时候，教师要先让学生深入了解这两种思维模式的概念并能够准确区分。有的学生在挑战中成功了也愿意再次挑战，教师可能会认为他是成长型思维模式，但也有可能是他想证明自己是聪明的，而不是想通过挑战来学习和成长，那就说明他是固定型思维模式。这就需要教师准确区分，了解学生的内心想法，帮助学生分析并调整思维模式。

本节课的目的是引导学生认识和区分两种思维模式，最终实现学生能自主分析自己的思维模式并培养成长型思维模式。教师在上课的时候需要引导学生思考和自我分析。因为概念比较抽象，所以通过游戏和情景模拟的方式可以帮助学生更好地理解。班会设计了两个模拟情景，教师可以根据学生情况和班级情况来调整，如果时间不够可以只做一个情景模拟。

有的学生在完成课后延伸作业时容易对绘制思维导图感到困惑，这时教师可以给予适当指导，帮助学生更好地完成作业。学生完成课后延伸作业后，教师要及时批阅并反馈给学生。有的学生如果还存在比较明显的固定型思维模式，教师要多帮助学生调整。

》广东省惠州仲恺高新区第五中学　吴曼玉

9. “淡淡定” VS “慌慌张”
——调节考试心理主题班会

[班会背景]

有人说，实力强 + 心态好 = 中考成功。

初三学生常常面临各种大考小测，但在考试过程中，由于杂念过多，很多学生难以保持稳定发挥。面对考试，有的学生在考前一晚睡不好；有的学生在考试时看到别人答题速度比自己快就很紧张，大脑一片空白；有的学生盲目自信，在考试时胆大有余，心细不足，导致发挥失常。老师要引导学生调整心态以便在考试中稳定发挥。

[班会目标]

1. 知识与认知目标：帮助学生理解中等程度的焦虑有助于考试时稳定发挥。

2. 方法与能力目标：通过游戏和活动体验，引导学生学会用箱式呼吸法和心理着陆技术缓解考试紧张情绪，克服考试焦虑。

3. 情感与态度目标：控制和调节焦虑情绪，体验放松和平静感，增强考试信心。

[课前准备]

1. 找三个学生排演心理情景剧《大卫的抉择》。

2. 准备一条长绳，用于量尺评估活动。

3. 将学生分为 8 组，准备 8 张大白纸，每组一张，用于头脑风暴环节，发彩笔若干。

［班会过程］

一、情境导入，引入主题

请三个学生表演心理情景剧《大卫的抉择》。三个学生分别扮演“淡淡定”“慌慌张”和大卫，配合做动作、表情。老师说旁白。

师：同学们，淡淡定和慌慌张是初三学生大卫内心住着的两个小人。你们瞧，这是淡淡定，他总是一副轻松、平静的模样。这是慌慌张，他经常摆出一副紧张、焦虑的面孔。淡淡定和慌慌张都想争夺大卫（老师手指大卫）的心理主导权，为此，他们时常针锋相对，剑拔弩张。当大卫写作业或者做小测时，淡淡定常能取得胜利。但是每次参加重大考试时，慌慌张常占据上风。某次考试前，主人公大卫坐在中间，淡淡定与慌慌张一左一右站在大卫旁边，拉着大卫的手，试图说服大卫跟自己走。

淡淡定：大卫，你已经认真复习了那么久，刷了那么多题，这次考试肯定没问题！考完咱们好好庆祝一下！

慌慌张：大卫，你不能轻敌啊！你想想，万一这次考不好怎么办？考试时又像上次一样手心冒汗、手抖、大脑一片空白，怎么办？

师：同学们，看到这里，你们认为最后谁会胜利？是淡淡定还是慌慌张？大卫这次考试能考好吗？

【设计意图】创设情境，导入主题。用心理剧角色扮演的形式调动学生参与的积极性，吸引学生的注意力，激发学生的好奇心和探究欲望。同时巧妙运用了叙事疗法的问题外化技术，将人与问题区分开来。

二、认知领悟，接纳情绪

1. 量尺评估，聚焦认知

组织站队公投活动。让淡淡定和慌慌张拉一根长绳站在台上，淡淡定站在绳子的最左端（代表考试紧张程度为最低分 1 分），慌慌张站在绳子的最右端（代表考试紧张程度为最高分 10 分）。

师：大卫同学陷入了纠结，到底应该站在哪边呢？请同学们用站队表决的方式来帮大卫做出抉择吧。

小组讨论当大卫的情绪处于几分紧张状态时，大卫在考试中更有可能稳定发挥。每个小组请一个学生代表上台，在长绳边任选一个位置，展示自己小组的讨论结果，并简单说明理由。

【设计意图】巧妙运用焦点解决量尺问句技术，帮助学生将自己的情绪目标定位在 1—10 分之间，从而识别学生对情绪紧张和学习效率的认知现状。

2. 认知领悟，智慧抉择

教师介绍动机理论，请学生分享淡淡定和慌慌张的动机，并谈谈二者对考试结果的影响。再次请学生就“当大卫的情绪处于几分紧张状态时，大卫在考试中更有可能稳定发挥”这一问题进行智慧抉择。

【设计意图】结合动机理论，帮助学生理解中等水平的焦虑可以有效提高学习效果，太过放松和太过紧张的情绪都不利于考试水平的发挥。

三、活动体验，践行智慧

1. 箱式呼吸法，安抚慌慌张

师：假设现在大卫的情绪紧张程度为 9 分，我们可以怎么做才能让大卫的情绪紧张程度降低 1 分呢？老师分享一种专业、有效的呼吸放松法——箱式呼吸法。想象在考试时，如果出现过度焦虑，可通过箱式呼吸法缓解紧张的情绪，降低考试焦虑。

请学生分享练习箱式呼吸法前后自己的情绪变化。

【设计意图】通过箱式呼吸法，让学生体验在过度焦虑时，如何调整自己的情绪状态，让自己快速平静下来。

2. 心理着陆技术，携手淡淡定

师：现在大卫的情绪紧张程度已经变成 8 分了，但他在考场上还是忍不住会想考砸了怎么办。我们可以怎么帮助他？

老师介绍心理着陆技术。这是指我们处于紧张、恐慌和情绪失控状态时，可以通过身体部位与身边的现实事物相触碰、相接触的方式，使我们的情绪尽快平静下来的一种心理稳定技术。

邀请学生一起体验心理着陆技术。首先，坐在座位上，调整成一个舒服的姿势，将你的胳膊和腿放松。然后，做一组箱式呼吸。环顾四周，说出你看到的五样东西。比如，你看见了地板、一双鞋、一张桌子……做一组箱式呼吸。闭上眼睛，辨别和说出你听到的五种声音。比如，听到自己呼吸的声音、风扇转动的声音、窗外汽车鸣笛的声音……做一组箱式呼吸。辨别和说出你能感受到的五种东西。比如，能感到手臂放在桌子上，脚指头在鞋里，手心有点儿热……做一组箱式呼吸，结束训练。

请学生分享练习心理着陆技术前后自己的情绪变化。

【设计意图】通过心理着陆技术，让学生体验将注意力与内在的思考转到外部世界，将大脑、身体和现实世界形成连接，帮助学生回到自己的"此时此地"，让学生与负面感受保持一种健康的距离。结合量尺问句技术，进一步强化学生体验有效调节情绪的喜悦感。

3. 头脑风暴，自主探究

学生小组讨论：在考试前和考试中还能通过什么方法调整情绪状态，提升应考效能感？每组发一张大白纸，在 5 分钟内写下尽可能多的方法。学生分享在考试中稳定发挥的高招，组成班级应对考试的方法宝典。

学生可结合自己的经验，提出肌肉放松、想象放松、积极自我暗示等方法。

【设计意图】通过小组讨论、自主探究，发挥学生的主观能动性，使其体验合作的乐趣。

四、化敌为友，合作共赢

邀请学生表演心理情景剧《大卫的抉择》结局。

通过同学们的帮助，大卫做出了自己的智慧抉择。他拉着淡淡定和慌慌张的手，对他们说："你们两个对我来说都很重要。我知道，你们是真心为我好。为了我，你们愿意握手言和吗？"淡淡定和慌慌张点点头，向彼此伸出了友谊之手。

【设计意图】通过角色扮演，学生将在课堂中所学所感所获外化成一个美好的结局。这可以巩固学生的认知，升华情感。

[课后延伸]

老师布置课后任务：为了跟考试来一场完美的约会，在接下来的一周，请你选择一种对自己有效的情绪调适方法，每天进行五分钟练习，并将练习感受记录下来。

【设计意图】通过布置行为训练的课后作业，帮助学生进一步巩固所学，拓展运用，保持对考试的积极心态。

[反思与总结]

1. 课堂开头巧妙创设了《大卫的抉择》这一心理情景剧，老师和三名学生的角色扮演，生动、形象地展现了主人公大卫的纠结和困惑，引发全班学生思考，并在动机理论的指导下强化认知——学生中等程度的焦虑能促进考试水平的稳定发挥，促进学生接纳自己的焦虑情绪，帮助学生在考试中正常发挥自己的水平。

2. 在认知调整的基础上，教师结合心理情景剧，抛出行为训练的两大法宝——箱式呼吸法和心理着陆技术，让学生体验到情绪是可以调控的，这就突破了本堂课的教学难点。

3. 学生自主探究很重要，在教师指导下，学生根据自己的实际情况，分组讨论对自己有效的考试情绪调整方法，进一步发挥学生的主观能动性。

4. 表演心理情景剧《大卫的抉择》结局，这是一个点睛之笔，能巩固学生的认知，升华其情感。

5. 班会课后的长时跟踪和及时反馈尤为重要，要指导学生按照适合自己的方法调整情绪，巩固所学，拓展运用，保持对考试的积极心态。

» 广东省佛山市南海区桂城街道文翰中学　陈晓煌　李慧玲

价值观篇

10. 走一步，再走一步
——培养坚韧品质主题班会

[班会背景]

初中生生理发展迅速而心理发展相对缓慢。初三学生面临一定的学业压力，容易出现剧烈的心理冲突。因此，增强学生的心理韧性显得尤其重要。

坚韧不仅是一种宝贵的意志品质，也是一种攻坚克难、奋发进取的动力，还是一种坚定的信念和乐观旷达的人生态度。学生需要自觉地确定目的，根据目的调整自身的行动，保持积极乐观的情绪，从而战胜挫折，实现自己的人生价值。

[班会目标]

1. 知识与认知目标：理解坚韧的含义，认识坚韧品质在人生发展、学习生活中起到的重要作用。

2. 方法与能力目标：总结归纳具体的、常见的、可操作的方法，并能够在日常生活中运用这些方法。

3. 情感与态度目标：引导学生正确看待挫折，培养自信而旷达的人生态度。

[课前准备]

1. 课前组织学生填写 12 项坚毅量表，并进行分析。

2. 准备实验和游戏用具：绳子、签字笔、弹力带、奖品等。

3. 准备视频《回声》。

[班会过程]

一、感受——“绳锯笔断”

游戏操作：准备绳子若干条，签字笔若干支。将签字笔用胶带固定在桌边，笔应该超出桌边六七厘米。两手握紧绳子反复在签字笔上摩擦。

可能出现的问题：用力不均匀，绳子在笔杆上滑动，学生坚持不下去就放弃了。此时，需要教师对学生进行方法指导。

师：同学们，我手里有一根绳子和一支笔。我能够用绳子锯断这支笔吗？

（生自由尝试）

师：我来采访一下这位同学，绳子是如何锯断笔的呢？（生答略）

师：俗话说，“水滴石穿，绳锯木断”。一根细小、柔软的绳子不断摩擦，竟能产生如此强大的力量！这就是坚韧的力量！坚韧的外在表现形式就是坚持。

【设计意图】用游戏的方式提高学生的兴趣和参与的积极性。让学生用绳子锯断笔，并让学生说出自己的感受，让学生主动参与这节课。

二、认识——探究坚韧的庐山真面目

师：什么是坚韧呢？什么样的品质才能算得上是坚韧呢？请大家用自己的经历或身边的故事阐述自己对坚韧的理解。

1. 坚韧的公式：坚韧 = 目标 + 激情 + 毅力 + 从失败中学习……

学生分组讨论，在纸上写出 5 个自己认为的坚韧品质，并结合事例阐述自己的观点。教师可以根据学生分享的内容进行适当补充。比如，从失败中及时吸取教训，从而更好地坚持。

2. 坚韧的意义

观看视频《回声》并讨论：坚韧的意义是什么？为什么可以自由地放弃？（生答略）

师：同学们！坚韧是人的必备品质。它能帮助我们战胜困难，挑战自我极限，实现自我价值。然而，坚韧并不意味着一意孤行和一成不变。有时候，放弃是为了在正确的道路上，朝着正确的目标更好地努力。

3. 游戏：走一步，再走一步

游戏规则：游戏由三个同学完成。在两张桌子上按距离远近摆上学生喜欢的物品（最有诱惑力的物品摆在最远处）。两名力气大的学生在距离桌子一米的地方拉紧弹力带。挑战的学生从距离桌子两米远的地方冲向桌子，克服弹力带的阻力，拿取自己想要拿到的物品。限时一分钟。桌子上的物品都被拿完，游戏就结束。可以根据学生的身材和力量进行分组，并对规则做出适当调整以保证公平、合理。游戏示意图如图 1 所示：

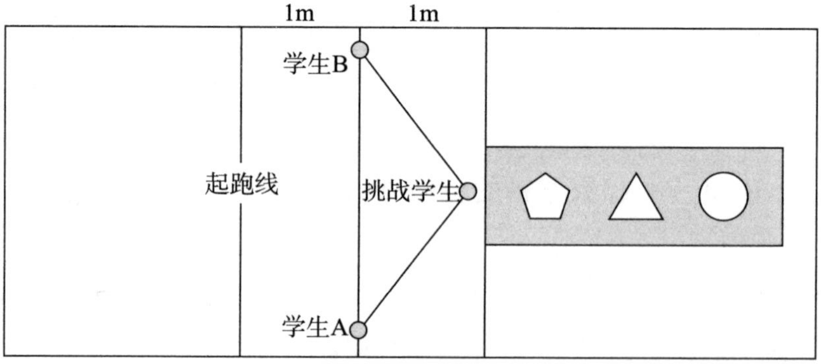

图 1　游戏示意图

【设计意图】让学生联系自己的经历或身边的故事阐述对坚韧的理解，归纳总结坚韧的意义，这有助于学生掌握其内涵，从而反省自我，指导实践。学生通过视频深入思考坚韧的意义，理解放弃。通过游戏切身体验，能更好地感悟坚韧。学生瞄准自己的目标，不断挑战自己的极限，向前走一步，再走一步，直至达成自己的目标。

三、反思——真诚追问

师：同学们刚才参与游戏都非常积极、踊跃，大家也体验到了坚韧的力量。你到底有多坚韧？课前我们都填写了 12 项坚毅量表，我们一起来看一看结果。

教师先分享自己的结果，然后展示全班同学的分析结果。

【设计意图】通过填写专业的心理学量表，较为科学、全面地呈现坚韧的各个特质，便于学生发现自己的不足。教师也要参与测评，以营造一种真诚面对自我的反思氛围。

四、检验——释放坚持的力量

1. 如何坚持

师：大家刚才直面自己的不足，进行了深刻反思。我们常说“放弃很容易，坚持很酷”。那么，我们该如何坚持呢？请大家讨论。

生 1：目标要明确，没有目标的坚持也将失去动力。

生 2：刻意练习。

生 3：计划要科学、合理。

生 4：寻找共同的伙伴，互相监督。

生 5：保持较高的兴趣。

生 6：分解目标，给自己定几个小目标。

生 7：要及时反思。

生 8：要有良好的心态。

…………

教师可根据学生分享的情况，适时补充。

2. 培养坚韧的良好品质

请用所学知识帮助以下同学培养坚韧的良好品质。

① 初一的小李同学英语成绩总上不去。老师对他说，学英语要从单词的发音和记忆以及提高书写水平开始。但是小李按照老师的方法做了几天，发现音标、单词总是记了又忘，于是就放弃了。他觉得自己根本就没有学习英语的天赋。你如何帮助小李在英语学习的道路上坚持下去呢?

② 小陈同学进入初二，发现功课一下子难了很多。他觉得还是手机给他的满足感更强。于是，他整天沉浸在虚拟世界里，“机不离手”。他为此很苦恼，想过不玩手机，但是根本没法抵挡手机的诱惑。你如何帮助他在合理使用手机的道路上坚持下去呢?

（生答略）

【设计意图】在体验和感悟的基础上，让学生提出具体的、可操作的方法。鼓励学生把学到的知识迁移到常见的事例中，让学生在真实的情境中解决问题。

[课后延伸]

根据自己的实际情况，针对某个问题，运用所学知识和技能制订“毅行者”计划，并实时记录自己坚持的过程（见表 1）。

表 1 “毅行者”计划

<table>
<tr><td rowspan="4">目标</td><td>目标分解</td><td>时间点</td><td>执行进度</td><td>问题</td><td>解决方法</td><td>给自己一句鼓励的话</td></tr>
<tr><td>小目标①</td><td></td><td></td><td></td><td></td><td></td></tr>
<tr><td>小目标②</td><td></td><td></td><td></td><td></td><td></td></tr>
<tr><td>……</td><td></td><td></td><td></td><td></td><td></td></tr>
<tr><td colspan="6">走一步，再走一步，路上总有新的希望！
毅行者：____________</td><td></td></tr>
</table>

【设计意图】通过分解目标、跟踪进度、分析问题、找寻方法、激励自我等手段，促使学生把班会课上所学知识有效迁移到学习生活中，在生活情境中解决具体问题。

[反思与总结]

1. 班会活动效果显著，有效达成班会目标。游戏等课堂活动能切实辅助学生全面、深刻地理解坚韧的内涵和外延，并能在活动和认知过程中完成情感方面的升华，使学生掌握养成坚韧品质的方法与技能。

2. 两个游戏环节需要根据班级实际情况预演，并做出一定的调整，确保游戏有序、有效开展。

3. 解释和说明 12 项坚毅量表，要从教师解读本人的数据开始，以便学生全面、深刻地了解自己的坚韧品质。

» 江苏省南通市崇川初级中学　张玉飞

后记

这套丛书是集体智慧的结晶。

为了实现既“好玩”又“好用”，全书每节班会都是精心设计的。我们特别注重运用心理技术设计和实施班会。在这个过程中，我与团队的戴鑫贻、陈敏、王姣、李纯燕、林元景、龙凤明、宁欣等老师一起反复讨论、打磨，一起解决了设计思路、实践路径、评价标准和课程化建设等问题。

所有班会内容可操作性强，贴近学生生活，符合心理学原理。目的只有一个，就是让班主任“看了就受启发”“用了就有效果”，提高德育实效。

丛书的编写历程实属不易，课例历经多次打磨。作为主编，我对每位编委心怀感激。

感谢林元景老师为我们提供专业的心理学指导。感谢副主编戴鑫贻老师、王姣老师、陈敏老师和李纯燕老师，从构建课程体系到修改、校对书稿，他们都全力以赴。感谢各位编委以及相关学校的大力支持。感谢工作室成员宁欣老师、罗林老师、颜天丽老师的积极协助。限于篇幅，部分来稿只能忍痛割爱，对此我们深表惋惜。

感谢责任编辑张万珠老师和李热爱老师，他们付出大量心血，细致审读，严格把关，用专业素养进一步提高了丛书质量。

图书在版编目（CIP）数据

好玩又好用的创意班会 . 初中卷 / 张玉石主编 . --
北京：中国人民大学出版社，2023.9
ISBN 978－7－300－32123－3

Ⅰ . ①好… Ⅱ . ①张… Ⅲ . ①班会—初中—教学参考
资料 Ⅳ . ① G635.5

中国国家版本馆 CIP 数据核字（2023）第 162484 号

好玩又好用的创意班会（初中卷）
张玉石　主编
Haowan you Haoyong de Chuangyi Banhui (Chuzhong Juan)

出版发行	中国人民大学出版社		
社　　址	北京中关村大街 31 号	**邮政编码**	100080
电　　话	010 － 62511242（总编室）		010 － 62511770（质管部）
	010 － 82501766（邮购部）		010 － 62514148（门市部）
	010 － 62515195（发行公司）		010 － 62515275（盗版举报）
网　　址	http://www.crup.com.cn		
经　　销	新华书店		
印　　刷	北京华宇信诺印刷有限公司		
开　　本	720 mm × 1000 mm　1/16	**版　　次**	2023 年 9 月第 1 版
印　　张	14.25　插页 1	**印　　次**	2023 年 9 月第 1 次印刷
字　　数	200 000	**定　　价**	68.00 元